新能源汽车职业教育理实一体化系列教材

新能源汽车驱动电机及控制系统检修

主　编　阳兴见　谢怀德　方　芳
副主编　肖　瑶　刘开生　邓清平
参　编　张　翱　周林山

北京理工大学出版社
BEIJING INSTITUTE OF TECHNOLOGY PRESS

内 容 简 介

本书针对新能源汽车而编写，主要介绍新能源汽车驱动电机及控制系统检修的相关知识和技能。全书共设计6个学习情境、19个学习任务。其中，学习情境1为驱动电机的认知，主要介绍新能源汽车驱动电机和电传动系统的典型结构；学习情境2为典型驱动电机的工作原理，主要介绍各种驱动电机的结构、原理和特性；学习情境3为驱动电机的检修，主要介绍驱动电机的更换、拆装和检修；学习情境4为电的转换，主要介绍各种变换电路的概念、电路和原理；学习情境5为电机控制器，主要介绍电机控制器的基本知识和性能检测；学习情境6为电机控制系统检修，主要介绍电机控制系统相关故障的检修。

本书由校企合作共同编写，可作为中等职业院校汽车类相关专业和交通运输类相关专业的教材，也可作为相关从业人员的业务参考书和培训教材。

版权专有　侵权必究

图书在版编目（CIP）数据

新能源汽车驱动电机及控制系统检修/阳兴见，谢怀德，方芳主编. -- 北京：北京理工大学出版社，2021.10（2023.12重印）

ISBN 978 – 7 – 5763 – 0551 – 7

Ⅰ.①新… Ⅱ.①阳… ②谢… ③方… Ⅲ.①新能源 – 汽车 – 驱动机构 – 控制系统 – 车辆修理 Ⅳ.① U469.703

中国版本图书馆 CIP 数据核字（2021）第 217300 号

责任编辑：陆世立		**文案编辑**：陆世立	
责任校对：周瑞红		**责任印制**：边心超	

出版发行 / 北京理工大学出版社有限责任公司
社　　址 / 北京市丰台区四合庄路6号
邮　　编 / 100070
电　　话 /（010）68914026（教材售后服务热线）
　　　　　　（010）68944437（课件资源服务热线）
网　　址 / http://www.bitpress.com.cn

版 印 次 / 2023年12月第1版第2次印刷
印　　刷 / 定州市新华印刷有限公司
开　　本 / 889 mm × 1194 mm　1/16
印　　张 / 11
字　　数 / 220千字
定　　价 / 39.00元

图书出现印装质量问题，请拨打售后服务热线，负责调换

前言

随着我国经济社会发展水平不断提高，汽车保有量持续攀升。大力发展电动汽车，能够加快燃油替代，减少汽车尾气排放，对保障能源安全、促进节能减排、防治大气污染、推动我国从汽车大国迈向汽车强国具有重要意义。

"新能源汽车驱动电机及控制系统检修"课程是新能源汽车运用与维修专业的一门专业核心课程。通过本课程的学习，学生应学会新能源汽车电机及控制系统检修的基础理论知识；能够熟练操作和使用新能源汽车电机及控制系统检修的工具和设备；能够对驱动电机进行更换；掌握驱动电机拆装与检修的基本方法；能够对电机控制器进行检测；能够检修电机控制系统的常见故障。本课程旨在培养学生的学习兴趣，逐渐提高其创新精神、实践能力，以及工匠精神；培养学生运用所学知识与技能解决生产生活中相关实际问题的能力，以及安全生产、节能环保和产品质量等职业意识，使其养成良好的工作方法、工作作风和职业道德，为后续新能源汽车运用与维修专业相关课程的学习及未来的职业生涯打下坚实的基础。

本书的开发遵循设计导向的职业教育思想，以职业能力和职业素养培养为重点，根据行业岗位需求、新能源汽车运用与维修专业的人才培养目标和新能源汽车电机及控制系统检修的教学大纲选取教材内容，根据工作过程系统化的原则设计学习任务，依据人的职业成长规律编排教材内容。

本书采用工学结合的一体化课程模式，采用行动导向教学方法，以"学习情境"为主线，将"知识学习、职业能力训练和综合素质培养"贯穿于教学全过程的一体化教学模式，让学生在技能训练过程中加深对专业知识、技能的理解和应用，培养学生的综合职业技能，全面体现职业教育的新理念。

本书反映了新时代教学改革成果。本书以《教育部关于职业院校专业人才培养方案制订与实施工作的指导意见》《教育部关于印发职业院校教材管理办法的通知》为指导，符合技术技能人才成长规律和学生认知特点，对接国际先进职业教育理念，适应人才培养模式创新和课程体系优化的需要，全面反映新时代产教融合、校企合作、创新创业教育等方面的教学改革成果。

本书的编写体例、形式和内容适合职业教育特点，教材结构设计符合学生认知规律，强调"理实一体"，突出实践性，力求实现情境化教学。

本书实现了教学资源共建共享,发挥"互联网+教材"的优势,提供配套教学课件、电子教案、教学视频等。

本书由重庆市经贸中等专业学校阳兴见、谢怀德、方芳担任主编,肖瑶、刘开生、邓清平担任副主编,张翱、周林山参与编写。具体编写分工如下:学习情境1由阳兴见编写,学习情境2由肖瑶、刘开生编写,学习情境3由张翱编写,学习情境4由谢怀德编写,学习情境5由邓清平、周林山编写,学习情境6由方芳编写。

由于编者水平有限,书中难免存在不足之处,恳请广大读者批评指正!

编 者

2021年8月

目录

学习情境 1　驱动电机的认知 ·· 1

　学习任务 1　认知新能源汽车驱动电机 ·· 1

　学习任务 2　认知电传动系统的典型结构 ·· 12

学习情境 2　典型驱动电机的工作原理 ·· 23

　学习任务 1　认知交流异步电机 ·· 23

　学习任务 2　认知永磁同步电机 ·· 30

　学习任务 3　认知开关磁阻电机 ·· 36

　学习任务 4　认知电机转速传感器 ·· 43

学习情境 3　驱动电机的检修 ·· 49

　学习任务 1　驱动电机更换 ·· 49

　学习任务 2　驱动电机的检修 ·· 57

学习情境 4　电的转换 ·· 62

　学习任务 1　认知 AC-DC 变换电路 ··· 62

学习任务 2　认知 DC-DC 变换电路 ……………………………………………………… 68

学习任务 3　认知 DC-AC 变换电路 ……………………………………………………… 73

学习情境 5　电机控制器 ……………………………………………………………… 78

学习任务 1　认知电机控制器 ……………………………………………………………… 78

学习任务 2　电机控制器性能检测 ………………………………………………………… 87

学习任务 3　认知电机能量回收系统 ……………………………………………………… 91

学习情境 6　电机控制系统检修 …………………………………………………… 101

学习任务 1　检修电机控制器供电回路故障 …………………………………………… 101

学习任务 2　检修电机控制器通信故障 ………………………………………………… 108

学习任务 3　检修驱动系统过温故障 …………………………………………………… 113

学习任务 4　检修电机旋变信号的故障 ………………………………………………… 118

学习任务 5　检修驱动系统绝缘故障 …………………………………………………… 125

参考文献 …………………………………………………………………………………… 129

学习情境 1

驱动电机的认知

学习任务 1　认知新能源汽车驱动电机

学习目标

1）能描述电机术语和定义。
2）能描述电动汽车电机驱动系统的组成。
3）能描述电动汽车用驱动电机的分类。
4）能描述电机的工作原理。

1.1.1　电机术语和定义

1）驱动电机系统：通过有效的控制策略将动力电池提供的直流电转化为交流电，实现电机的正转以及反转控制的系统。该系统在减速/制动时将电机发出的交流电转化为直流电，将能量回收给动力蓄电池或者提供给超级电容等储能设备供给二次制动使用，如图 1-1-1 所示。

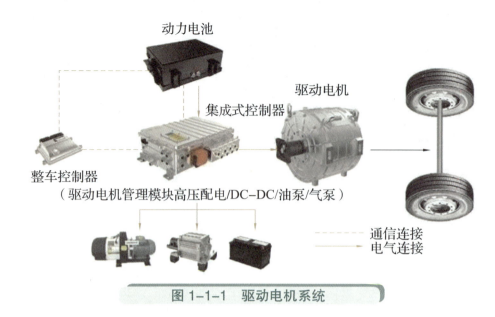

图 1-1-1 驱动电机系统

2）驱动电机：将电能转换成机械能为车辆行驶提供驱动力的电气装置，也可具备机械能转化成电能的功能，如图1-1-2所示。

3）驱动电机控制器：控制动力电源与驱动电机之间能量传输的装置，由控制信号接口电路、驱动电机控制电路和驱动电路组成，如图1-1-3所示。

图 1-1-2 驱动电机　　　　　图 1-1-3 驱动电机控制器

4）直流母线电压：驱动电机系统的直流输入电压。

5）额定电压：直流母线的标称电压。

6）最高工作电压：直流母线电压的最高值。

7）输入输出特性：驱动电机、驱动电机控制器或驱动电机系统的转速、转矩、功率、效率、电压、电流等参数之间的关系。

8）持续转矩：规定的最大、长期工作的转矩。

9）持续功率：规定的最大、长期工作的功率。

10）工作电压范围：能够正常工作的电压范围。

11）转矩-转速特性：转速特性一般是形容频率的曲线，转矩特性一般是确定电压上升的曲线。

12）峰值转矩：该电机可以达到并可以短时工作而不出现故障的最大转矩值。

13）堵转转矩：当机械设备转速为零（堵转）时的力矩。

14）最高工作转速：达到最高功率而呈现出来的最高速度。

1.1.2 电动汽车电机驱动系统的组成

电机驱动系统是电动汽车和混合动力电动汽车的核心组成部分，其主要由电机、功率变换器、整车控制器和能源系统构成，其任务是在驾驶员的控制下，高效率地将蓄电池的电能转化为驱动车轮的动能，或者在车辆制动时，将制动能量回收至蓄电池中。典型电机驱动系统的基本组成如图 1-1-4 所示。电动汽车的电机驱动系统主要根据以下因素来选择：①驾驶员对行驶性能的期望；②车辆规定的性能参数；③车载能源的性能。驾驶员的期望值主要由包括加速性能、最高车速、爬坡能力、制动性能和行驶里程在内的行驶循环定义。

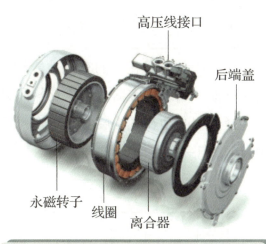

图 1-1-4 典型电机驱动系统的基本组成

1. 电机

早期的电动汽车主要采用直流电机作为驱动电机，控制方法简单易行，但是其缺点为换向器和电刷需要经常维护，因而限制了其应用的范围。随着现代电力电子技术的发展，交流电机驱动系统逐渐取代了直流电机驱动系统。现代电动汽车采用的驱动系统主要有 3 种，分别为异步电机驱动系统、永磁同步电机驱动系统和开关磁阻电机驱动系统。

2. 功率变换器

功率变换器根据所选的电机类型可分为直流直流（DC-DC）变换器和直流交流（DC-AC）变换器，其作用是根据整车控制器对电机输出转矩的要求，将蓄电池的电压与电流转换成控制电机所需的特定电压和电流。功率变换器包括各种检测传感器，对电机的电压、电流、转速、转矩及温度进行检测，从而提高电机的控制性能，如图 1-1-5 所示。

图 1-1-5 功率变换器

3. 整车控制器

整车控制器根据驾驶员对车辆的控制，采集加速踏板、制动踏板的信号及各种检测传感器的反馈信号，通过运算、逻辑判断等向电机控制器发出相应的指令，电机控制器通过控制功率变换器开关器件的状态控制电机运行，进而控制车辆的前进、倒退、加速及制动等，使整个驱动系统有效运行，如图 1-1-6 所示。

图 1-1-6 整车控制器

4. 能源系统

含体积和质量在内的车辆性能约束取决于车型、车重和载重量。能源系统则与蓄电池、燃料电池、超级电容器、飞轮及各种混合型能源相关联。因此，电驱动系统的优选特性和组件选择过程必须在系统层面上实施，必须研究各子系统间的相互作用及系统权衡中可能的影响，如图 1-1-7 所示。

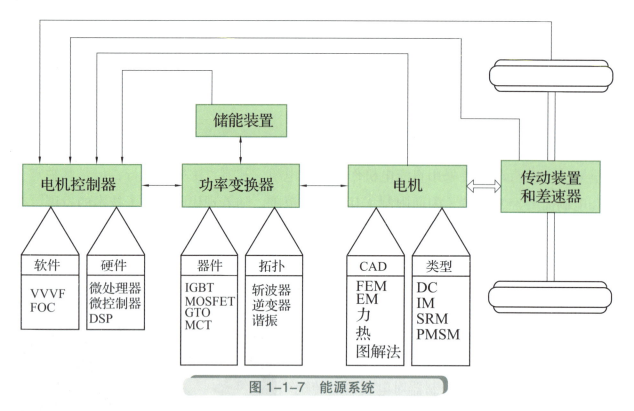

图 1-1-7 能源系统

1.1.3 电动汽车用驱动电机的分类

电机又称马达，是一种驱动性的电气装备，能够把电能转化为机械能，再使其转化为动能。电动汽车驱动电机按照结构、工作原理及常用电源性质的不同，可分为直流电机、交流异步电机、永磁同步电机和开关磁阻电机等。早期应用的直流电机虽易于控制，调速性能好，但由于存在换向装置，可靠性较低，维修成本也较高。随着交流变频调速技术和机械制造技术的发展，交流异步电机、开关磁阻电机、各种永磁同步电机的优势逐渐凸显，在电动汽车领域获得了广泛应用。电动汽车用驱动电机的分类如图1-1-8所示。

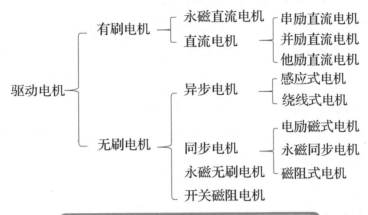

图1-1-8　电动汽车用驱动电机的分类

1. 直流电机

直流电机（DC machine，DM）具有起动转矩大，调速控制简单、技术成熟等优点，但是直流电机的电枢电流需要由电刷和换向器引入，换相时易产生电火花，导致换向器容易烧蚀、电刷容易磨损等问题，需要经常更换，维护工作量较大；同时由于电刷部分存在接触磨损，不仅使电机效率降低，还限制了电机运行的最高转速。因此，直流电机常用在小功率的电动汽车驱动系统中，如小型代步车、景区观光车等系统中。

2. 感应式电机

目前多数电动汽车采用了感应式电机（Induction Machine，IM）作为驱动电机。随着功率电子器件和功率变换器的快速发展，采用矢量控制技术可以使驱动系统实现无级变速，传动效率得到大幅提高，具有更好的可控性和更宽的调速范围。特别是感应式电机在采用笼形转子结构时，具有结构简单、坚固耐用、价格便宜、工作可靠、效率高和免维护等优点。此外，感应式电机在工业中已有较长时间的应用，具有丰富的生产经验和大量的生产工厂，生产成本较低。

3. 永磁同步电机

永磁同步电机（Permanent Magnet Synchronous Machine，PMSM）具有功率密度高（超过1kW/kg）、全工作区域内效率高（最高效率可达97%）、低速输出转矩能力强等优点。采用矢量控制的电机驱动控制系统，具有动态性能好、转矩脉动小、调速范围宽等优点。在电动汽车驱动系统中应用，可以达到减小系统体积、改善汽车加速性能和行驶平稳等目的，因此，永磁同步电机受到了全世界各大汽车生产厂商的重视。但由于永磁材料的强度较差，有些永磁材料在高温作用下会发生磁性衰退现象。此外，近年来不断上升的永磁材料价格也使高效异步交流电机和开关磁阻电机重新进入研究人员的视线。

4. 开关磁阻电机

开关磁阻电机（Switch Reluctance Machine，SRM）是一种新型电机，在电机的转子上没有滑环、绕组等转子导体和永久磁铁等装置。它的结构比其他电机简单，效率可达85%~90%，转速可达15000r/min。其转矩转速特性好，在较宽的转速范围内，转矩和转速可以灵活地控制，并且有起动转矩高和起动功率低等机械特性。开关磁阻电机转子上没有励磁绕组和永磁体，其结构简单坚固，可靠性好，质量小，便于维修，成本较低，但是开关磁阻电机的控制系统较复杂，调节性能和控制精度要求高，工作时的转矩脉动大，噪声也较大，体积也比同样功率的感应电机要大一些。

1.1.4 四种驱动电机的性能比较

直流电机有着结构简单、价格低廉、控制简单、起动和调速性能好等优点，早期电动汽车均采用直流电机作为动力源，目前直流电机是低速小型电动汽车的首选。同时，直流电机也有一些缺点。首先，其转速范围较窄，最高仅为6000r/min左右；其次，其功率密度和效率都不高，而且其尺寸、质量也相对较大，增加了整备质量。这些缺点都制约了直流电机在中大型电动汽车上的应用。

交流电机是目前电动汽车领域运用最广泛的电机，由于电子控制技术的迅速发展，交流电机曾经的技术瓶颈都得到了突破，上汽集团的荣威eRX5、特斯拉公司的Model S等中高端电动车均采用了交流电机。它具有质量和体积较小、调速范围宽、响应迅速等优点，但其所使用的交流电必须通过逆变器将电池输出的直流电转换为交流电，这加大了控制系统的复杂程度，提高了成本。

开关磁阻电机目前还未得到广泛应用，但其具有很大的开发潜力。开关磁阻电机不仅结构简单、体积和质量小，而且调速范围宽。但其控制系统复杂，而且在负载时会产生振动噪声，负载效率不高。目前，这些问题还未得到很好的解决。

永磁同步电机目前主要应用在高端电动汽车上，具有效率高、体积和质量小、调速范围宽等优点。其最大的特点是电机起动时电流冲击小，电流随负载变化小，从而提高了高端车型的乘坐舒适性。但其高昂的成本、复杂的控制系统也拉高了使用门槛。

永磁无刷直流电机是一种利用单块或多块永磁体来构造磁场的直流电机，性能上接近恒定励磁电流的他励式直流电机，它的调速过程可以通过改变电枢电压来实现。跟他励式直流电机比较起来，其具有体积更小、效率更高、结构简单等优点，是小功率直流电机的主要类型，目前被广泛应用于汽车、摩托车等领域。

1.1.5 电动汽车对驱动电机的要求

用于电动汽车上的驱动电机与常规工业用电机有很大的不同，工业用驱动电机通常优化在额定的工作点，而电动汽车用驱动电机通常频繁地运行在驱动/停车、加速/减速等不同工况的转换中，要求低速或爬坡时具有高转矩，高速行驶时具有低转矩，并且应具有较大的调速范围。电动汽车对驱动电机性能的具体要求主要包括如下几个方面。

1）过载能力强。为保证车辆具有较好的动力性，要求电机具有较好的转矩过载和功率过载能力，峰值转矩一般为额定转矩的2倍以上，峰值功率一般为额定功率的1.5倍以上，且峰值转矩和峰值功率的工作时间一般要求在5min以上。

2）转矩响应快。电动汽车驱动电机一般采用低速恒转矩和高速恒功率的控制方式，要求转矩响应快、波动小、稳定性好。

3）调速范围宽。要求驱动电机具有较宽的调速范围，最高转速是基速的3倍以上，并且能够四象限工作。

4）功率密度高。为便于驱动电机及其控制系统在车辆上的安装布置，要求系统具有很高的功率密度。

5）可靠性高和具有一定的容错运行能力。电动汽车的驱动电机应该能够在恶劣环境下长期正常工作，同时还应具有机械强度高，抗震性好，耐温、耐潮性能强，电磁兼容性好，易于维护等特性。

6）能够实现能量回馈。能量回馈性能的好坏对车辆的续驶里程、运行性能和能源利用率等有着重要的影响。电动汽车在减速或制动时对车辆的制动能量进行部分回收，使车辆具有更高的能量利用率。

7）成本低。电动汽车要取得与燃油汽车竞争的优势，在满足性能要求的前提下必须考虑降低各零部件的成本，而驱动电机成本的高低是决定电动汽车是否能够产业化的一个重要因素。

1.1.6 电机的工作原理

1）交流电机。单相异步电机通过电容移相作用，将单相交流电分离出另一相相位差90°的交流电。将这两相交流电分别送入两组或四组电机绕组，就在电机内形成旋转的磁场，旋转磁场在电机转子内产生感应电流，感应电流产生的磁场与旋转磁场方向相反，被旋转磁场推拉进入旋转状态，转子必须切割磁力线才能产生感应电流，因此转子转速必须低于旋转磁转速，故称异步电机。

三相异步电机不必通过电容移相，本身就有相差120°的三相交流电，故产生的旋转磁场更均匀，效率更高。

永磁同步交流电机的磁场由永久磁铁产生，转子绕组通过电刷供电，转速与交流电频率为整倍数（分数）关系（视转子绕组数而定），故称同步电机。

转子绕组通过电刷供电，定子通过绕组产生旋转磁场的电机，按转子绕组与定子绕组的串、并联关系分别称为串励、并励电机。

2）直流电机。直流电机由定子和转子两大部分组成，定子上有磁极（绕组式或永磁式），转子上有绕组，通电后，转子上形成磁场（磁极），定子和转子的磁极之间有一个夹角，在定转子磁场（N极和S极之间）的相可吸引使电机旋转。改变电刷的位置，就可以改变定转子磁极夹角（假设以定子的磁极为夹角起始边，转子的磁极为另一边，由转子的磁极指向定子的磁极的方向就是电机的旋转方向）的方向，从而改变电机的旋转方向。

1.1.7 电机的结构

1）永磁式直流电机由定子磁极、转子、电刷、外壳等组成，如图1-1-9所示。

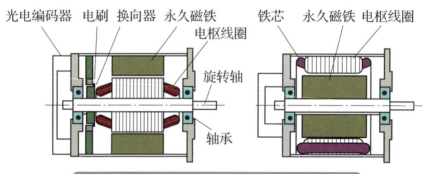

图1-1-9 永磁式直流电机的结构示意图

定子磁极采用永磁体（永久磁钢），有铁氧体、铝镍钴、钕铁硼等材料。按其结构形式，可分为圆筒型和瓦块型等。

转子一般采用硅钢片叠压而成，漆包线绕在转子铁芯的两槽之间（三槽即有三个绕组），其各接头分别焊在换向器的金属片上。

电刷是连接电源与转子绕组的导电部件，具备导电与耐磨两种性能。永磁电机的电刷使用单性金属片或金属石墨电刷、电化石墨电刷。

2）无刷直流电机由永磁体转子、多极绕组定子、位置传感器等组成。

无刷直流电机的特点是无刷，采用半导体开关器件（如霍尔元件）来实现电子换向，即用电子开关器件代替传统的接触式换向器和电刷。它具有可靠性高、无换向火花、机械噪声低等优点，如图1-1-10所示。

图1-1-10 无刷直流电机

位置传感器按转子位置的变化，沿着一定次序对定子绕组的电流进行换流（即检测转子磁极相对定子绕组的位置，并在确定的位置产生位置传感信号，经信号转换电路处理后去控制功率开关电路，按一定的逻辑关系进行绕组电流切换）。

位置传感器有磁敏式、光电式和电磁式三种类型。

采用磁敏式位置传感器的无刷直流电机，其磁敏传感器件（如霍尔元件、磁敏二极管、磁敏三极管、磁敏电阻器等）装在定子组件内，用来检测永磁体、转子旋转时产生的磁场变化。

采用光电式位置传感器的无刷直流电机，在定子组件上按一定位置配置光电传感器件，转子上装有遮光板，光源为发光二极管或小灯泡，转子旋转时，由于遮光板的作用，定子上的光敏元器件将按一定频率间歇产生脉冲信号。

采用电磁式位置传感器的无刷直流电机，在定子组件上安装电磁传感器部件（如耦合变压器、接近开关谐振电路等），当永磁体转子位置发生变化时，电磁效应将使电磁传感器产生高频调制信号（其幅值随转子位置而变化）。

定子绕组的工作电压由位置传感器输出控制的电子开关电路提供。

1.1.8 电机故障的检修

电机的故障有机械故障与电气故障两大类，机械故障比较容易发现，而电气故障就要通过测量其电压或电流进行分析判断了，以下介绍电机常见故障的检测与排除方法。

1）电机的空载电流大。当电机的空载电流大于极限数据时，表明电机出现故障。电机空载电流大的原因有，电机内部机械摩擦大，绕组局部短路，磁钢退磁。继续做有关的测试与检查项目，可以进一步判断故障原因或故障部位。

电机的空载/负载转速比大于1.5，打开电源，使电机高速空载转动10s以上。等电机转速稳定以后，测量此时电机的空载最高转速。在标准测试条件下，行驶200m距离以上，开始测量电机的负载最高转速。当电机的空载/负载转速比大于1.5时，说明电机的磁钢退磁已经相当严重了，应该更换整个电机。

2）电机发热。电机发热是由电流大引起的，在电动车的整车维修实践中，处理电机发热故障的方法一般是更换电机。

3）电机在运行时内部有机械碰撞或机械噪声。无论高速电机还是低速电机，在负载运行时都不应该出现机械碰撞或不连续不规则的机械噪声。不同形式的电机可运用不同的方法进行维修。

4）整车行驶里程缩短、电机乏力。续驶里程短与电机乏力（俗称电机没劲）的原因比较复杂。一般说来，当排除以上电机故障之后，整车续驶里程短的故障就不是由电机引起的了，而是和电池容量的衰减、充电器充不满电、控制器参数漂移［脉宽调制（Pulse Width

Modulation，PWM）信号没有达到100%〕等有关。

5）无刷电机缺相。无刷电机缺相一般是由无刷电机的霍尔元件损坏引起的。可以通过测量霍尔元件输出引线相对霍尔地线和相对霍尔电源引线的电阻，用比较法判断是哪个霍尔元件出现了故障。

拓展知识

1. 电动汽车的优越性

（1）排放污染小

电动汽车在行驶过程中尾气的排放量很少甚至没有尾气排放（纯电动汽车），因此，大力发展电动汽车对全球环境改善有着积极的意义。电动汽车尾气的排放量明显低于传统汽车，电动汽车所带来的环保价值将是难以估量的，如表1-1-1所示。

表1-1-1 电动汽车的优越性

污染物	传统汽车排放/（kg/100km）	电动汽车排放/（kg/100km）
CO	0.0394	0
HC	0.0046	0
NO_x	0.0022	0.041
CO_2	16.85	11.6358
SO_2	0.0022	0.02838

（2）能源利用率高

传统内燃机汽车的燃油能量转换率不高是个很难突破的瓶颈，在过去一个多世纪的发展中，研究人员不断改进内燃机的结构和性能，但其能量转换效率始终没有太大的提高。理想情况下内燃机的能量转换效率约为38%，若考虑实际工况，即考虑汽车的频繁起停、长时间的低速行驶、急速等工况，实际的能量转换效率不到14%。电动汽车以电机为驱动动力，这一运用有两大优势。第一，相比于传统内燃汽车，电动汽车无空转损失，大大节约了能量；第二，电机具有制动能量回收功能，即制动时将机械能转化为电能储存起来再利用，这两大优势使电动汽车能量转化效率较高。

（3）能源来源多样化

电动汽车使用的能源属于清洁能源，而清洁能源技术在最近几年的发展和进步比较迅速，种类也非常丰富，除了人们熟悉的太阳能、风能、电化学能外，还有潮汐能、地热能、核能和氢能等。电动车所需能源的获得途径多种多样，随着清洁能源技术的迅速发展，将以上清洁能源运用于电动汽车上只是时间问题。这些清洁能源在地球上取之不尽、用之不竭，而且合理开发和利用这些清洁能源还可以带动许多新兴科技产业的蓬勃发展。

（4）噪声污染小

传统汽车与电动汽车的主要区别在于传动系统和能量来源两个方面，汽车的传动系统是噪声的主要来源。电动汽车动力传动的灵活性和电机优越的性能在很大程度上减少了噪声的产生，电气控制技术的广泛应用使电动汽车的动力传输系统减少了机械连接，因而最大限度减小了摩擦产生的噪声。电动汽车全新的能源管理系统也减少了噪声的产生。

2. 电动汽车的性能参数定义

在设计传统燃油汽车时需要对整车性能参数（包括动力性参数、燃油经济性参数等）进行标定。电动汽车也一样，但是由于其动力源为蓄电池中储存的电能，在设计电动汽车时需要把续驶里程作为一项重要的指标。因此，电动汽车的整车性能参数包括最高车速、加速性能、最大爬坡度和续驶里程。

（1）最高车速

最高车速即汽车平稳行驶所能达到的最大速度。最高车速的制定主要取决于该电动汽车的市场定位。

（2）加速性能

电动汽车的加速性能主要通过加速时间或者加速距离来评价。良好的加速性能能更快地完成超车、避险等动作，也能给驾驶员带来酣畅淋漓的驾驶感受。通常对加速性能的标定分为起步加速性能和超车加速性能。

（3）最大爬坡度

最大爬坡度是指电动汽车在良好的铺装路面上所能爬升的最大坡度。坡度（%）通常用垂直距离与水平距离之比来表示。

（4）续驶里程

续驶里程表示在满电情况下电动汽车所能行驶的最大里程。该指标是衡量电动汽车性能的重要指标，续驶里程太小会增加充电次数，使用不方便，甚至是半路抛锚。

学习任务 2　认知电传动系统的典型结构

学习目标

1）能描述混合动力汽车的驱动形式。
2）能描述串联式混合动力驱动单元。
3）能描述并联式混合动力驱动单元。
4）能描述混联式混合动力驱动单元。

1.2.1　混合动力汽车的驱动形式

混合动力汽车是由两种或两种以上的动力来进行驱动的，当前大多数油电混合动力汽车主要由内燃机和电力两种动力进行驱动。

根据内燃机与电力之间连接方式的不同，可以将混合动力汽车分为串联式混合动力、并联式混合动力以及混联式混合动力三种形式，如图 1-2-1 所示。

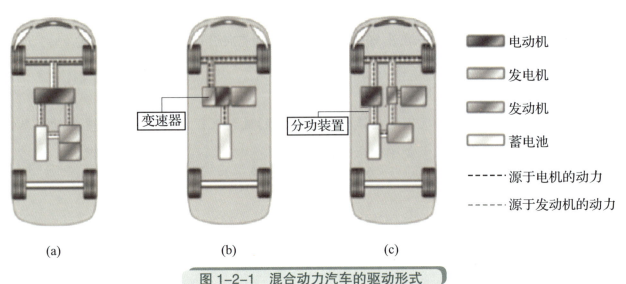

图 1-2-1　混合动力汽车的驱动形式
（a）串联式；（b）并联式；（c）混联式

1.2.2 串联式混合动力驱动单元

串联式混合动力驱动单元是指车辆的驱动力只来源于电机的混合动力汽车。其特点是发动机带动发电机发电,电能通过驱动电机控制器输送给电机,由电机驱动汽车行驶。另外,动力蓄电池也可以单独向电机提供电能驱动汽车行驶。雪佛兰Volt(图1-2-2)即采用这种形式的驱动单元。

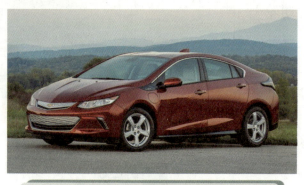

图1-2-2 雪佛兰Volt

1. 驱动单元主要结构形式

Volt驱动单元内部设置有单级单排行星齿轮机构、2个电机和2个离合器,其连接关系如图1-2-3所示。

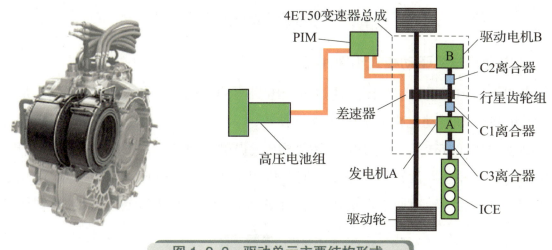

图1-2-3 驱动单元主要结构形式

内部部件的连接关系是行星齿轮机构的太阳轮与电机B刚性连接,齿圈受C1和C2离合器的控制,行星架实现动力输出。

行星齿轮安装于输出行星架总成内。太阳轮与输出太阳轮轴啮合。齿圈与C2外圈及C1内圈配合。C1工作时,齿圈处于静止状态。C2工作时,齿圈与发电机A连接。

2. 驱动单元运行模式

雪佛兰Volt驱动单元运行时有3种运行模式,分别是:①纯电动单电机驱动模式;②纯电动双电机驱动模式;③内燃机运行电动驱动模式。

(1)纯电动单电机驱动模式(图1-2-4)

该模式下,内燃机处于关闭状态,仅由电机驱动车辆。

在纯电动单电机驱动模式下,驱动单元内部部件的动力传递方式是:C1离合器接合,以保持行星齿轮组的齿圈处于静止状态，动力电池通过逆变器等部件驱动电机 B 运转。由于行星齿轮组的齿圈保持静止状态，旋转转矩通过行星架输送到差速器，并最终传输到驱动轮上。

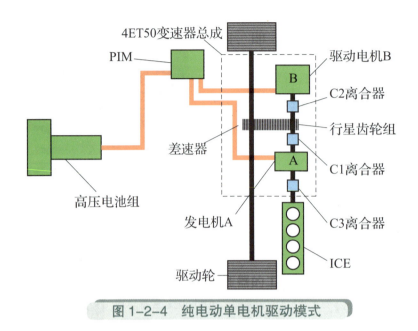

图 1-2-4　纯电动单电机驱动模式

（2）纯电动双电机驱动模式（图 1-2-5）

在该模式下，内燃机仍然关闭，通过两个电机驱动车辆。驱动电机 B 提供移动车辆所需的转矩，发电机 A 和驱动电机 B 驱动车辆行驶。

内部的动力传递方式是：动力电池为两个电机提供电源动力，发电机 A 驱动齿圈，转矩通过行星架输送到差速器齿轮，并通过差速器传递至驱动轮；电机 B 驱动太阳轮，太阳轮驱动行星架的行星齿轮，转矩通过行星架输送到差速器齿轮，并通过差速器传递至驱动轮。

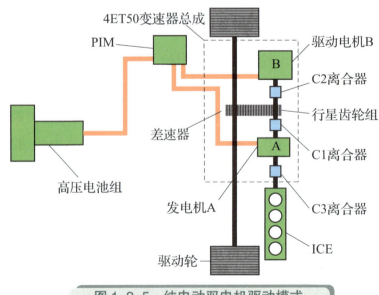

图 1-2-5　纯电动双电机驱动模式

（3）内燃机运行电动驱动模式（图1-2-6）

在该模式下，内燃机运行，并驱动发电机A产生电能以提供电能至驱动电机B，将转矩提供至车轮；同时将多余的电能存储在动力蓄电池中。此时，驱动单元内部的动力传递形式是：C1离合器将保持行星齿轮组的齿圈处于静止状态，C3离合器将发电机A与内燃机相连接，发电机A产生的电能传递给驱动电机B驱动太阳轮。由于齿圈保持静止状态，旋转转矩通过行星架传输到差速器，并通过差速器传输到驱动轮上。

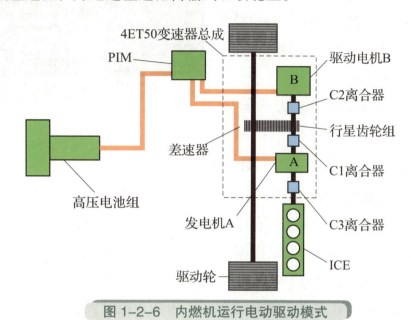

图1-2-6　内燃机运行电动驱动模式

1.2.3　并联式混合动力驱动单元

并联式混合动力驱动单元是指车辆的驱动力由电机和发动机同时或单独供给的混合动力汽车。其结构特点是并联式驱动系统可以单独使用发动机或电机作为动力源，也可以同时使用电机和发动机作为动力源驱动汽车行驶。本田Insight（图1-2-7）即采用这种形式的驱动单元。

图1-2-7　本田Insight

1.2.4 混联式混合动力驱动单元

混联式混合动力驱动单元是指具备串联式和并联式两种结构的混合动力汽车。其特点是既可以在串联混合模式下工作，又可以在并联混合模式下工作。混联式混合动力多了动力分离装置，动力一部分用于驱动车轮，另一部分用于发电。丰田普锐斯（图1-2-8）即采用这种形式的驱动单元。

图1-2-8　丰田普锐斯

采用混联形式的普锐斯混合动力汽车有以下几种运行模式。

（1）车辆停止发动机被起动（图1-2-9）

车辆停止时电动发电机MG2处于静止状态，发动机停机不工作。当电源电子控制单元监测到电池充电状态过低或电载荷过大不符合条件需要起动发动机时，电源电子控制单元向主电子控制单元发出信号控制电动发电机MG1运转，从而起动发动机。电动发电机MG2处于静止状态，电动发电机MG1驱动太阳轮正向旋转，所以行星架连接发动机做正向减速输出运动，即发动机被起动。在发动机被起动期间，为防止电动发电机MG2运转，电动发电机MG2将接收电流以施加制动。当发动机起动完成后，电动发电机MG1的驱动电流会立即被切断，此时电动发电机MG2仍然静止，发动机带动行星架输入太阳轮正向增速输出，即电动发电机MG1被驱动并作为发电机对高压蓄电池进行充电。

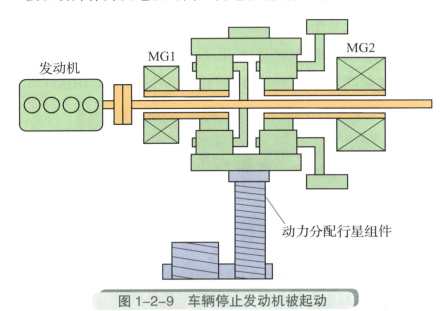

图1-2-9　车辆停止发动机被起动

（2）车辆低负荷工况（图1-2-10）

车辆发动机在低负荷工况时处在高油耗、高排放污染区域，而普锐斯混合动力汽车的电动模式能够仅利用由高压蓄电池向电动发电机 MG2 提供的电能驱动车辆行驶。此时，发动机停机不运行，加速踏板开度不大，电动发电机 MG1 反向旋转但不发电。主电子控制单元便控制高压蓄电池向电动发电机 MG1 供电使其以较低转速正向旋转，从而起动发动机。首先，电动发电机 MG1 的驱动电流会

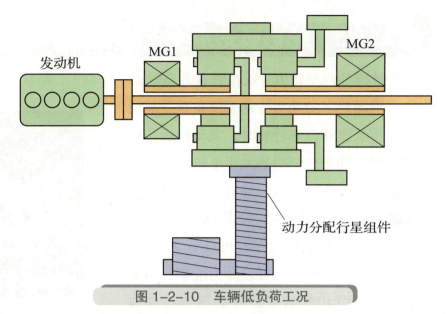

图 1-2-10 车辆低负荷工况

使其停止转动，此时发动机已经正向旋转，车速的高低决定了电动发电机 MG1 正向旋转的转速大小；然后，当电源电子控制单元模块接收到发动机已经运转的信号后会立即切断电动发电机 MG1 的驱动电流，已经起动的发动机带动电动发电机 MG1 正向旋转，从而将其转换成发电机对高压蓄电池进行充电。

（3）车辆正常行驶工况（图 1-2-11）

车辆在正常行驶状态时，发动机和电动发电机 MG2 一同驱动。此时，发动机能够在最佳工况下运转，一部分动力直接输出到驱动车轮，剩余的动力带动电动发电机 MG1 作为发电机发电，通过变频器总成一系列的调整和转换电能驱动电动发电机 MG2，从而输出动力。当高压蓄电池的电量少时，发动机输出功率会被提高，带动电动发电机 MG1 加大发电量向高压蓄电池充电。当车辆由正常行驶状态进入巡航状态时，电动发电机 MG1 的转速可以有所下降，这样发动机可以在较低的经济转速下工作，从而提高了车辆的经济性。

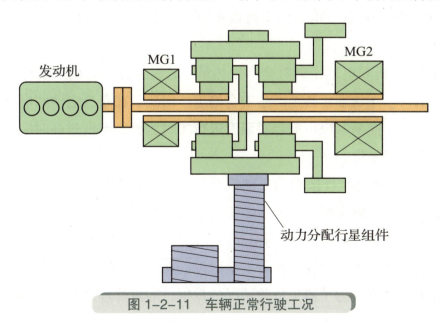

图 1-2-11 车辆正常行驶工况

1.2.5 纯电动汽车动力传动系统布置方案

传统燃油汽车动力总成布置有着质量大、体积大、形状不规则等问题。相对于传统燃油汽车，电动汽车的动力传动系统布置更加灵活。在传统燃油汽车行驶时，发动机运转所带来的振动冲击也要明显大于电机，会大大影响乘客的乘坐舒适性。纯电动汽车动力传动系统布置方案如图1-2-12所示。

纯电动汽车电机的布置可以分为前置、中置和后置，驱动形式可以分为前驱、后驱和四驱。由于电机有着良好的输出特性曲线，对于其传动系统而言，既可以与传统汽

图1-2-12 纯电动汽车动力传动系统布置方案

车一样匹配离合器与变速器，也可以采用固定挡减速器。传统汽车的油箱很容易做成不规则形状适应整车布置，但动力电池不同，如何合理规划布置方案以安置更多的电池是需要研究的关键性问题。目前，很多学者提出了轮毂电机的新型驱动形式，该布置方案能够省掉整套的传动系统，使整车的布置更具灵活性。不同的布置方案有着不同的优点，在选择合理的布置方案时，要全方位考虑车型定位以及消费者的需求。

1）空间布置。电机及其控制系统相对于发动机来说，质量、体积都要小得多，比较容易布置，但是动力电池往往会占据较大的空间和质量，电池少又会导致续驶里程短的问题。因此，在布置动力电池时，往往采用的解决方法是将电池拆分成若干小电池包，电池包之间用导线连接，以充分利用整车较小的空间。

2）轴荷合理分配。轴荷的分配直接影响操控稳定性、动力性等，一般整备状态下前后轴载荷比达到50∶50为最佳。电动汽车可以将电机、电池包等合理分配布置，以达到合理的轴荷分配要求。

3）散热问题。电机与电池运转时会产生热量，若没有良好的通风散热条件，热量聚集将影响电池和电机的工作状态，甚至产生安全隐患。因此，在布置电池和电机时要充分考虑通风散热问题。此外，控制系统也应当对温度进行实时监控，温度过高时应当介入调整动力系统工作状态并提醒驾驶员。

4）传动效率。传动效率直接影响电动汽车的续驶里程，因此在布置动力传动系统时，应尽量减少传输距离和传输角度，减少不必要的能量损失。

5）系统安全性。系统的安全性是指电动汽车的电力系统不会对驾驶员及乘客造成伤害。电动汽车电池通常电压较大，存在短路等安全隐患。在发生碰撞等事故时，也要求电池不会因受到挤压而起火或爆炸。为了避免危险情况的发生，能量管理系统应该具备监测电池故障

以及自行切断电路的功能。

纯电动汽车动力传动的系统布置方法目前可以大致分为传统布置形式、机电集成布置形式、机电一体化布置形式和轮毂电机布置形式四种。

1. 传统布置形式

传统布置形式（图 1-2-13）是在传统燃油汽车的布置形式上改造而来的，只是将油箱与发动机换成了电池组与电机，因此较容易实现，是早期电动汽车布置的常用形式。但是这种布置形式的传动系统太长，导致传动效率相对较低。由于电机良好的输出特性，在某些车型上也可以用固定速比的减速器替代离合器和变速器结构，这样可以减少整车质量，提高传动效率。

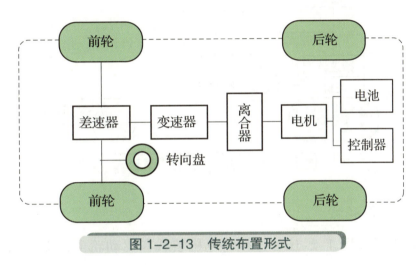

图 1-2-13　传统布置形式

2. 机电集成布置形式

机电集成布置形式（图 1-2-14）是在机械布置的基础上将电机、减速器和差速器整合成一个整体的布置形式。这种布置形式结构紧凑，传动系统有体积小、质量小、布置容易、传动效率较高等优点。

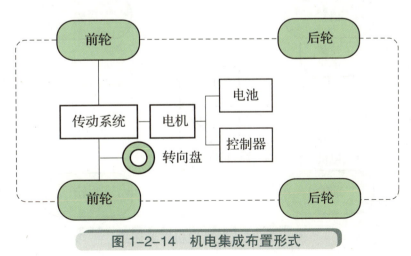

图 1-2-14　机电集成布置形式

3. 机电一体化布置形式

机电一体化布置形式（图1-2-15）最大的特点是取消了差速器，转而使用两个电机通过减速器来分别驱动两个车轮。由于每台电机可以独立进行控制，电动汽车更加灵活，有更好的操控性能。传动系统的进一步简化使质量、体积进一步减小，传动效率也得到了进一步提升。但是由于增加了一个电机，成本上有所提高，并且对两台电机的精确控制也是一个挑战。

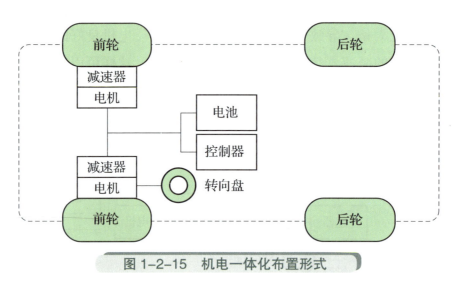

图1-2-15 机电一体化布置形式

4. 轮毂电机布置形式

轮毂电机布置形式（图1-2-16）直接将电机装载在驱动轮上，彻底取消了传统的传动系统，大大减少了占用空间。直接驱动车轮的驱动方式使其在传动效率上有得天独厚的优势，但该电机与传统电机有着不同的结构，需要重新设计匹配，以满足性能要求以及较小的安装空间要求。由于该布置形式车轮转速完全由电机决定，对电机控制器的控制精度有很高的要求，但紧凑高效的布置形式也是未来电动汽车的发展趋势。

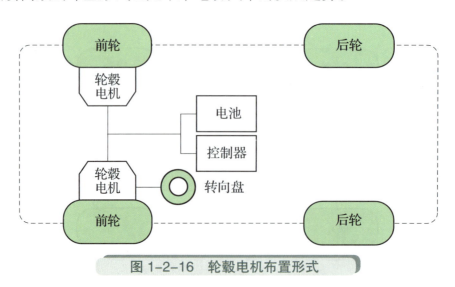

图1-2-16 轮毂电机布置形式

1.2.6 纯电动汽车常用的电机驱动系统

纯电动汽车常用的电机驱动系统有四种：直流电机驱动系统、异步电机驱动系统、永磁同步电机驱动系统和开关磁阻电机驱动系统。

1. 直流电机驱动系统

直流电机驱动系统采用有刷直流电机，电机控制器一般采用斩波器控制方式。它具有成本低、易于平滑调速、控制器简单、控制相对成熟等优点。但由于需要电刷和换向器，结构复杂，运行时有火花和机械磨损，电机运行转速不宜太高。尤其是对无线电信号的干扰对高度智能化的未来电动汽车是致命的弱点。鉴于直流电机驱动系统的驱动控制器部分优势突出，直流电机驱动系统在当前燃料电池电动汽车领域仍占有一席之地，如图1-2-17所示。

图1-2-17 燃料电池电动汽车

2. 异步电机驱动系统

异步电机结构简单，制造容易，效率比直流电机高，与永磁无刷电机、开关磁阻电机相比，成本最为低廉，但控制较为复杂。总体说来，异步电机系统的综合性价比具有一定的优势，尤其是异步电机具有高可靠性、免维护、成本低廉的优点。使用异步电机的特殊功能车辆如图1-2-18所示。

3. 永磁同步电机驱动系统

效率高是永磁同步电机驱动系统最大的特点，其他特点还包括质量小、体积小、无须维护。与异步电机相比，永磁同步电机成本较高，可靠性和使用寿命也较差，同时永磁体还存在失磁的可能。另外，制造工艺也比异步电机复杂。在控制上，由于永磁体的存在，永磁同步电机的弱磁控制有一定难度。因此，目前大多数纯电动汽车的永磁同步电机都带有冷却系统，如图1-2-19所示。

图1-2-18 特殊功能车辆

图1-2-19 纯电动汽车

4. 开关磁阻电机驱动系统

该电机转子没有绕组做成凸极，结构简单，可靠性高，快速响应好，效率与异步电机相当。由于转子无绕组，该电机系统特别适合频繁正反转及冲击负载等工况。开关磁阻电机系统驱动电路采用的功率开关元件较少，电路简单，能较方便地实现宽调速和制动能量的反馈。因此，这种系统在电动汽车中也有一定的应用，缺点主要在于其结构带来的噪声和振动较大。

拓展知识

1. 电动汽车在国外的发展现状

谈到国外电动汽车动力传动系统匹配技术，就不得不提到美国、日本和德国等传统汽车工业强国。其中，日本是发展电动汽车较早的国家之一。虽然日本工业发达，但人口密度大，资源匮乏，因此日本政府特别重视电动汽车技术的开发。目前，随着计算机技术的发展，汽车在开发过程中的概念阶段就可以实现各参数的理论匹配，因此模拟计算的精度对仿真结果起到至关重要的作用。合理准确的仿真模型不但能大大缩短开发周期，减少研发成本，还能对目标车型的整车基本性能有一定的预估。

在计算机建模仿真技术方面，美国通用公司从20世纪70—80年代就开始针对汽车建模仿真软件进行了开发，该软件名为GPSIM，能对汽车动力性和经济性进行仿真计算。由于该项技术的优越性，世界各大汽车公司开始相继开发汽车建模仿真软件，其中比较知名的有奥地利AVL公司开发的AVL Cruise软件和美国可再生能源实验室开发的基于MATLAB的Advisor软件等。

2. 电动汽车在国内的发展现状

我国作为汽车产销大国，近年来在政府的大力推动下，电动汽车的产销量均得到了大幅提升。目前，我国电动汽车产销主要以小型车为主，涉足电动汽车市场的企业也越来越多，知名企业有北汽新能源、长安新能源、比亚迪等。

我国相关部门将电动汽车确定为国家七大战略性新兴产业之一，先后推出了《节能与电动汽车产业发展规划》《电动汽车"十二五"专项规划》等规划方案，积极引导和鼓励国内电动汽车产业的发展，形成了"三纵三横"的电动汽车产业格局。其中，"三纵"是指纯电动、油电混合动力、燃料电池三条技术路线，"三横"是指能源动力总成控制系统、驱动电机及其控制系统、电力蓄电池及其管理系统三种共性技术。在各项政策的促进下，国内各大汽车企业学者不断加大对电动汽车及相关技术研发的投入，在突破电池、电机、电控等关键技术、基础设施的完善以及推动电动汽车产业化等方面取得了长足的进步。

虽然我国电动汽车产业发展近年来突飞猛进，但在核心技术掌握与产品质量方面仍然与世界先进水平有一定的差距，希望我国能在未来迎头赶上。

学习情境 2
典型驱动电机的工作原理

学习任务 1　认知交流异步电机

> **学习目标**
>
> 1）能描述三相异步电机的结构。
> 2）能描述三相异步电机的工作原理。
> 3）能描述三相异步电机的铭牌数据。
> 4）能描述三相异步电机的特点。

2.1.1　三相异步电机的结构

三相异步电机的种类繁多，但各类三相异步电机的结构基本相同。三相异步电机主要由定子、转子和气隙三部分构成。按照转子结构的不同，三相异步电机又分为三相鼠笼式异步电机和绕线式异步电机，三相鼠笼式异步电机的整体结构如图2-1-1所示。

1. 定子

定子主要由定子铁芯、定子绕组、机座、底脚等部分组成，如图2-1-2所示。

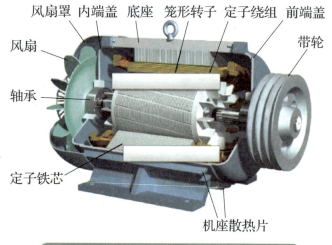

图2-1-1 三相鼠笼式异步电机

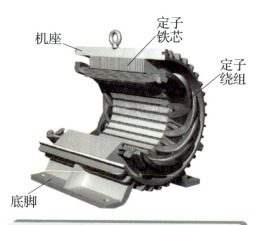

图2-1-2 定子

定子铁芯是电机主磁路的一部分，一般由厚度为0.35mm或0.5mm、表面有绝缘涂层的硅钢片叠压而成。采用硅钢片叠压的目的是减少铁芯中的涡流和磁滞损耗。在定子铁芯的内圆上均匀地冲有许多形状相同的槽，用以嵌入定子绕组。定子绕组是定子的电路部分，用以从电源输入电能并产生气隙内的旋转磁场。三相电机有三组空间上互相间隔120°的三相绕组，每相绕组由若干线圈连接组成，按一定的规律嵌在定子铁芯的槽内。三相绕组的首尾共有六个出线端，若以首尾相连引出三个接线端，为三角形连接方式；若将三个尾端并接在一起，由首端引出三个接线端，为星形连接方式。电机的接线盒可由三根线引出，但一般引出六根线，方便客户自行选择需要的连接方式。机座的作用主要是固定定子铁芯和支撑转子轴，要求有足够的强度和良好的通风散热条件，其外壳通常铸有散热片，以扩大散热面积。其他部分还包括前后端盖、轴承盖、风罩、接线盒和吊环等。

2. 转子

转子由转子铁芯、转子绕组和转轴组成。转子铁芯也是主磁路的一部分，类似于定子铁芯，其也由厚0.5mm或0.35mm的硅钢片叠压而成。转子铁芯固定在转轴或转子支架上，铁芯外表呈圆柱形，转子产生的机械功率通过转轴以力的形式输出。转子的绕组是转子的电路部分，分为笼形绕组和绕线型绕组两类。

（1）笼形绕组

笼形绕组（图2-1-3）是一个自行闭合的短路绕组，由插入每个转子槽中的导条和两端的端环构成。由于去除铁芯后，整个绕组形成一个圆笼形的闭合回路，故称为笼形绕组。为节约铜和提高生产率，小型笼形电机一般采用铸铝转子；而对于大中型电机，由于铸铝的质量不易保证，采用铜条插入转子槽内，再在两端焊接上铜端环的结构。笼形异步电机结构简单、制造方便，是一种经济耐用的电机，应用极为广泛。

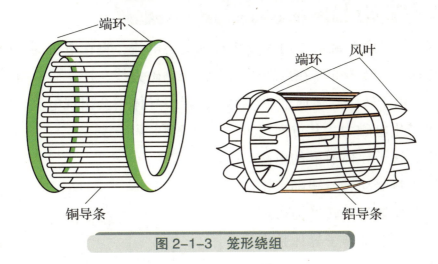

图 2-1-3　笼形绕组

（2）绕线型绕组

绕线型转子的槽内嵌有用绝缘导线组成的三相绕组，绕组的三个出线端连接到装在轴上的三个集电环上，再通过电刷引出。这种转子的特点是可以在转子绕组中串入外加电阻，以改善电机的起动和调速性能。与笼形转子相比较，绕线型转子的结构稍复杂，价格稍贵，通常用于要求起动电流小，起动转矩大，或需要调速的场合，如图 2-1-4 所示。

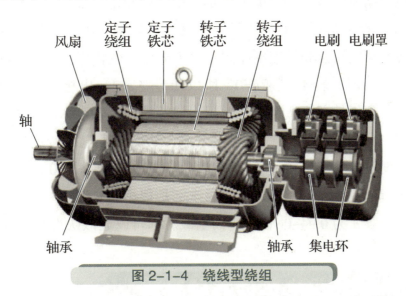

图 2-1-4　绕线型绕组

3. 气隙

异步电机的气隙主磁场是由激磁电流产生的。由于激磁电流基本为无功电流，激磁电流越大，电机的无功分量也越多，功率因数也就越低。为减小激磁电流，提高电机的功率因数，异步电机的气隙应尽可能小，但一定要在电机装配的工艺许可范围内。对于中小型电机，气隙一般为 0.2~2mm。

2.1.2 三相异步电机的工作原理

在三相异步电机的定子绕组中通入三相对称交流电流，将在电机的气隙中产生以同步转速转动的旋转磁场，转子导体在旋转磁场中将切割磁力线，产生感应电动势，其方向可由右手定则判定。由于转子导体通过端环闭合，转子导体中会出现电流，转子电流与旋转磁场相互作用将产生电磁力，其方向可由左手定则判定。转子导体所受的电磁力产生的电磁转矩将驱动转子跟随定子磁场一起旋转，从而把电能转换为机械能，作为电机运行。由于转子导体是靠电磁感应而产生的感应电流使电机运转的，异步电机又称为感应电机。三相异步电机的工作原理如图2-1-5所示。

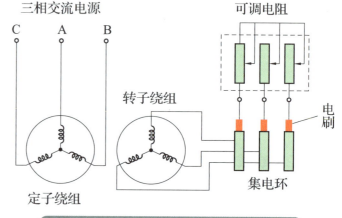

图2-1-5 三相异步电机的工作原理

当异步电机运行时，为克服负载的阻力转矩，其转子转速总是略低于旋转磁场的转速，如此转子导体才能切割气隙旋转磁场产生感应电动势和感应电流，以使转子能产生足够的电磁转矩。如果转子转速与旋转磁场的大小、方向均相同，二者无相对运动，转子导体就无法切割气隙磁场，也就无法产生电磁转矩。因此，转子转速与旋转磁场转速不相同是异步电机产生转矩的必要条件。

三相异步电机起动时，转子转速$n=0$，所以转差率$s=1$。电机产生的电磁转矩要克服机械负载的阻力转矩，理想情况下，假设此时阻力转矩（包括轴承摩擦）为零，电机处于理想空载运行状态，则转子导体不需要产生感应电流，从而产生电磁转矩来克服负载转矩。所以，此时的转子速度应该等于旋转磁场的转速，即此时的转差率$s=0$。

一般在正常运行范围内，转差率的数值通常都是很小的。满载时，转子转速与同步转速相差并不是很大，一般n为$0.94\sim0.985n_s$；而空载时，可以近似认为转子转速等于同步转速。

2.1.3 三相异步电机的铭牌数据

与直流电机类似，为便于快速了解一台电机在额定运行状态下的性能，电机制造厂商按照国家标准，一般会在电机机壳上标注电机的基本参数和各项额定值，它是正确合理使用电机的依据。三相异步电机的铭牌参数如图2-1-6所示。

1）型号。型号用以表明电机的系列、几何尺寸和极数。由汉语拼音字母、国际通用符号和阿拉伯数字组成。例如一款电机的型号为Y90L-4，其各个字母及数字的含义如图2-1-7所示。

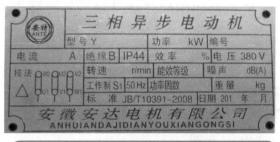

图 2-1-6 三相异步电机的铭牌数据

图 2-1-7 各个字母及数字的含义

2）额定功率。额定功率指电机在额定状态下运行时轴端输出的机械功率，单位为 W 或 kW。

3）额定电压。额定电压指电机在额定状态下运行时加在定子绕组上的线电压，单位为 V。

4）额定电流。额定电流指电机在额定状态下运行时定子绕组的线电流，单位为 A。

5）额定转速。额定转速指对应于额定电压、额定电流，电机运行于额定功率时所对应的转速，单位为 r/min。

6）额定频率。额定频率指电机在额定情况下运行时定子供电电源的频率，单位为 Hz。我国电网的标准频率为 50Hz。

7）功率因数。功率因数指电机有效功率与视在功率的比值。其用于表征电机运行时从电网吸收的无功功率的大小。一般来说，对于转速相同的电机，容量越大，功率因数越高；对于容量相同的电机，转速越高，功率因数越大。

8）连接方式。异步电机常用的定子绕组接法主要有星形（Y形）连接和三角形（△形）连接。一般情况下，对于功率小于 3kW 的电机，使用星形接法，如图 2-1-8（a）所示；对于功率在 4kW 以上的电机，则主要使用三角形接法，如图 2-1-8（b）所示。

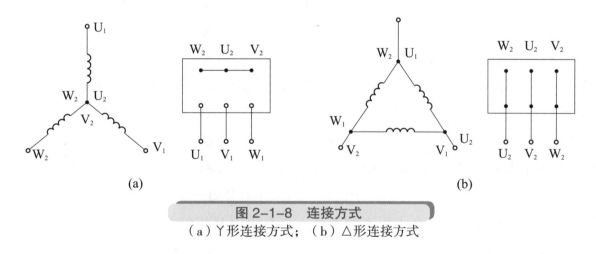

图 2-1-8 连接方式
（a）Y形连接方式；（b）△形连接方式

9）绝缘等级。绝缘等级指直流电机制造时所用绝缘材料的耐热品级，一般有 B 级、F 级、H 级、C 级。

10）额定温升。额定温升指电机在额定工况下运行时电机所允许的工作温度减去绕组环境温度的数值，单位为 K 或 ℃。

11）定额（工作制）。即电机的工作方式，指电机正常使用的延续时间。一般分为连续制（S1）和断续制（S2~S10）。

2.1.4 三相异步电机的特点

电动汽车用交流异步电机所具有的优点主要包括以下方面。

1）小型轻量化；
2）易实现转速大于 10000r/min 的高速旋转；
3）高速低转矩时运行效率高；
4）调速范围宽，低速转矩高；
5）坚固，可靠性高，成本低；
6）控制装置简单化、轻量化。

交流异步电机不仅成本低，而且可靠性高，逆变器即便由于损坏而产生短路也不会在电机中产生反电动势，所以不会出现紧急制动的可能性。因此，交流异步电机广泛应用于大型、高速的电动汽车中。三相笼形异步电机的功率容量覆盖面很广（从零点几瓦到几十千瓦），它可以采用空气冷却或液体冷却的方式，冷却自由度高、对环境的适应性好，并且能够实现再生制动。与同样功率的直流电机相比具有更高的效率，质量也要减轻一半左右。一般情况下，作为电动汽车的专用电机，安装条件有限，并且要求小型轻量化，因此电机在以 10000r/min 以上的转速高速运转时，大多需要采用一级齿轮减速器进行减速。此外，由于振动等恶劣工作环境，低转速状态下需要高转矩，并且要求在较宽的速度范围内具有恒输出功率特性，电动汽车用异步电机与一般工业用的电机不同，在设计上采用了各种新的方法。

出于对工作环境的考虑，三相异步电机大多采用全封闭式结构。框架、托座等结构为了实现轻量化，一般采用压铸铝的方式制造，也有的采用将定子铁芯裸露在外表面的无框架结构。此处，出于小型化和轻量化的目的，三相异步电机大多采用以水来冷却定子框架的水冷式电机。电机高速运转时，频率的升高引起铁损增大，因此希望减少电机的极数，以采用两极或四极的情况居多。但是在采用两极时，线圈端部的长度将变长，所以采用四极的场合更多一些。此外，为了减少铁损，定转子铁芯普遍采用有良好导磁性的电磁钢板。此外，还在定子绕组中使用平角线以提高占积率的方法，也有应用 H 级绝缘或者耐高温的聚酰亚胺漆包线等作为绝缘方式的。

拓展知识

1. 电机驱动与发动机驱动相比的技术优势

发动机能高效产生转矩时的转速被限制在一个较窄的范围内，为此需通过庞大而复杂的变速机构来适应这一特性，而电机可以在相当宽的速度范围内高效地产生转矩。

电机实现转矩的快速响应性指标要比发动机高出两个数量级，按常规来说，电气执行的响应速度都要比机械机构快几个数量级，因此随着计算机电子技术的发展，用先进的电气控制来取代笨重、庞大而响应滞后的部分机械、液压装置已成为技术进步发展的必然趋势。它不但使各项性能指标大大提高，也将使制造成本降低。

2. 电机的发展历史

1820年，丹麦物理学家奥斯特发现了电流磁效应：将导线的一端和伽伐尼电池正极连接，导线沿南北方向平行放在小磁针上方，当导线另一端连接到负极时，磁针立即指向东西方向。把玻璃板、木片、石块等非磁性物体插在导线和磁极之间，甚至把小磁针浸在盛水的铜盒子里，磁针照样偏转。随后，安培通过总结电流在磁场中所受机械力的情况建立了安培定律。

1821年，法拉第发现通电的导线能绕永久磁铁旋转以及磁体绕载流导体的运动，第一次实现了电磁运动向机械运动的转换，从而建立了电机的实验室模型，被称为世界上第一台电机。

1824年，法国人阿拉果转动悬挂着的磁针时发现其外围环上受到机械力；次年，他重复这一实验时发现外围环的转动又使磁针偏转，这些实验导致了后来感应电机的出现。

1831年，法拉第发现了电磁感应现象以后不久，他又利用电磁感应发明了世界上第一台真正意义上的电机——法拉第圆盘发电机。这台发电机构造与现代的发电机不同，在磁场中转动的不是线圈，而是一个紫铜做的圆盘。圆心处固定一个摇柄，圆盘的边缘和圆心处各与一个电刷紧贴。用导线把电刷与电流表连接起来，铜圆盘放置在蹄形永磁体的磁场中，当转动摇柄使铜圆盘旋转起来时，电流表指针偏向一边，电路中产生了持续的电流。亨利对法拉第的电机模型进行改进，制作了一个简单的装置（振荡发电机）。该装置的运动部件是在垂直方向上运动的电磁铁，当它们端部的导线与两个电池交替连接时，电磁铁的极性自动改变，电磁铁与永磁体相互吸引或排斥，使电磁铁以每分钟75周期的速度上下运动。这项发明第一次展示了由磁极排斥和吸引产生的连续运动，是电磁铁在电机中的真正应用。

学习任务 2 认知永磁同步电机

学习目标

1）能描述永磁同步电机的结构。
2）能描述永磁同步电机的工作原理。
3）能描述永磁同步电机的铭牌数据。
4）能描述永磁同步电机的特点。

2.2.1 永磁同步电机概述

20世纪50年代，随着高磁能积永磁体的出现，以永磁体作为励磁源的直流电机得到快速发展。用永磁体代替电励磁磁极可以使直流电机的体积大大减小。同样，在同步电机的应用上，以永磁体转子替换电励磁转子可以取消电刷和滑环，使电机结构简化，具有更好的维护性。与此同时，随着功率变换器件和晶闸管整流器件的出现，机械式换流器也被电子换流器替代。这两大进步促进了永磁电机的发展，如图2-2-1所示。

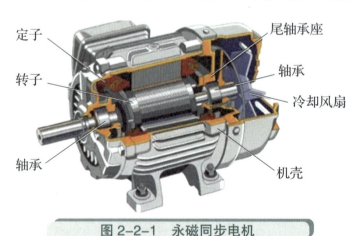

图2-2-1 永磁同步电机

永磁同步电机的运行原理与电励磁同步电机相同，二者的主要区别在于永磁同步电机以永磁体提供的磁通替代后者由励磁绕组产生的励磁磁场，因而无须励磁电流，避免了励磁损耗，并能使电机结构更为简单。永磁同步电机不仅降低了加工和装配费用，而且省去了容易出问题的集电环和电刷，提高了电机运行的可靠性，因而是一种研究得较多并在各个领域中得到越来越广泛应用的电机。特别是在新能源汽车大力发展的今天，永磁同步电机的体积和感应式电机相比减小了20%~50%，质量减小了20%~40%，节能效果可达30%~60%。因此，无论是从节能、高效，还是从小型化和轻型化来说，永磁同步电机都将在电动汽车驱动电机领域成为感应电机的最佳替代者。

2.2.2 永磁同步电机的分类

永磁同步电机的分类方法比较多。按工作主磁场方向的不同，可分为径向磁场式和轴向磁场式；按电枢绕组位置的不同，可分为内转子式（常规式）和外转子式；按转子上有无起动绕组，可分为无起动绕组的电机（用于变频器供电的场合，利用频率的逐步升高而起动，并随着频率的改变而调节转速，常称为调速式永磁同步电机）和有起动绕组的电机（既可用于调速运行，又可在某一频率和电压下利用起动绕组所产生的异步转矩起动，常称为异步起动永磁同步电机），异步起动永磁同步电机用于频率可调的传动系统时，形成一台具有阻尼（起动）绕组的调速式永磁同步电机；按供电电流波形的不同，可分为矩形波永磁同步电机和正弦波永磁同步电机（简称永磁同步电机）。

2.2.3 永磁同步电机的结构

永磁同步电机主要包括端盖、机座、定子铁芯、定子绕组、转子铁芯、轴、轴承套、轴承及轴套等部分，此外还有转子支撑部件、通风孔或者冷却水道、外部接线盒等，如图 2-2-2 所示。

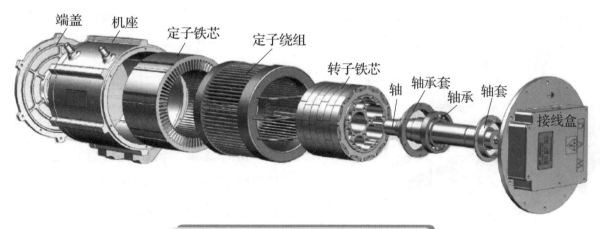

图 2-2-2　永磁同步电机的结构

1. 定子

永磁同步电机的定子结构和异步电机类似，均由定子铁芯、定子绕组、机座和接线盒等部分组成。

定子铁芯作为电机主磁路的一部分，一般由厚度为 0.35mm 或 0.5mm、表面有绝缘涂层的硅钢片叠压而成。定子铁芯的内圆上均匀地分布着定子槽，槽内嵌放着定子绕组。定子绕组是定子的电路部分，用以从电源输入电能并产生气隙内的旋转磁场，如图 2-2-3 所示。

永磁同步电机定子绕组目前主要有集中式绕组和分布式绕组两种。采用分布式绕组主要是为了改善定子绕组中磁动势的正弦性，通常有单层整距绕组和双层短距绕组。但对于多极或者多槽的情况，不宜采用分布式绕组。这是由于，一方面在制造工艺上较难实现，另一方面若在此时采用分布式绕组，端部绕组必然很长，将会增大铜耗。而集中式绕组的端部较短，工艺相对简单，性价比较高，尤其是分数槽集中绕组永磁同步电机受到了越来越多的关注。

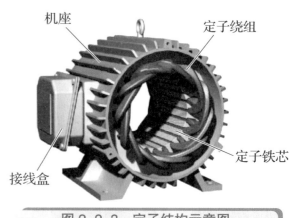

图 2-2-3 定子结构示意图

三相电机的三相绕组一般在空间上互相间隔120°，每相绕组由若干线圈连接组成。三相绕组的首尾共有六个出线端，若将首尾相连引出三个接线端，则为三角形连接方式；若将三个尾端并接在一起，由首端引出三个接线端，则为星形连接方式。电机的接线盒可由三根线引出，但一般引出六根线，便于客户自行选择需要的连接方式。机座的作用主要是固定定子铁芯和支撑转子轴，要求具有足够的强度和良好的通风散热条件，其外壳通常铸有散热片或者水道。其他部分还包括前后端盖和接线盒等。

2. 转子

永磁同步电机的转子主要由转子铁芯、永磁体、轴承、转轴、转子支架等结构组成，如图 2-2-4 所示。与普通异步电机不同的是，永磁同步电机的转子上安装有永磁体磁极，永磁体在转子中的放置位置有多种形式。

永磁同步电机目前基本采用逆变器电源驱动，而产生正弦波的变频器输出都含有一定的高频谐波，若用整体钢材会产生涡流损耗。因此，永磁同步电机的转子铁芯与定子铁芯一样，仍需用硅钢片叠压而成。

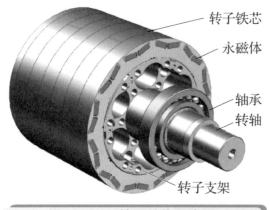

图 2-2-4 转子结构示意图

2.2.4 永磁同步电机的基本工作原理

永磁同步电机的工作原理与交流同步电机类似，都是通过定子绕组中的电流与转子磁场的相互作用产生转矩，而定子绕组的结构和连接形式及绕组中通入的电流和产生的反电动势共同决定着电机的工作模式和动力输出方式。只不过永磁同步电机是把交流同步电机转子上的电励磁用永磁体来代替产生磁场。

参考前面对三相异步电机定子绕组磁动势产生机理的分析可知，当在永磁同步电机空间上互差120°电角度的三相定子绕组中通入时间上互差120°的三相电流时，定子绕组将会产生一个恒幅的旋转磁场，此旋转磁场会与同极数的转子永磁体产生的磁场之间形成磁拉力，从而牵引转子与旋转磁场同步旋转。

2.2.5 永磁同步电机的铭牌数据

永磁同步电机与异步电机一样，也需要按照国家标准在电机机壳上标注铭牌数据，图 2-2-5 为某款永磁同步电机的铭牌。

永磁同步电机的铭牌数据是正确、合理地使用电机的参考和依据，铭牌上标明的主要项目如下。

1）型号。型号用以表明电机的系列、几何尺寸和极数。由汉语拼音字母、国际通用符号和阿拉伯数字组成。例如某款永磁同步电机的型号为TYJX225M-8，其各字母和数字的含义如图 2-2-6 所示。

图 2-2-5　某款永磁同步电机的铭牌

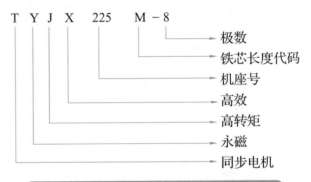

图 2-2-6　各字母和数字的含义

2）额定功率。额定功率指电机在额定状态下运行时电机轴端输出的机械功率，单位为 W 或 kW。

3）额定电压。额定电压指电机在额定状态下运行时加在定子绕组上的线电压，单位为 V。

4）额定转速。额定转速是指对应于额定电压、额定电流，电机运行于额定功率时的转速，单位为 r/min。

5）峰值功率。峰值功率指电机在峰值转矩状态下运行时电机轴端输出的机械功率，单位为 W 或 kW。

6）最大转速。最大转速指电机正常运行所能达到的最大速度，体现了永磁同步电机调速能力的大小，单位为 r/min。

7）最高效率。最高效率指电机在整个运行区间内所能达到的最大效率。

8）功率因数。功率因数指电机有效功率与视在功率的比值。它表征着电机运行时从电网吸收的无功功率的大小。一般来说，对于相同转速的电机，容量越大，功率因数越高；对于相同容量的电机，转速越高，功率因数越大。

9）连接方式。永磁同步电机常用的定子绕组接法主要有星形连接和三角形连接。

10）绝缘等级。绝缘等级指直流电机制造时所用绝缘材料的耐热品级，一般有B级、F级、H级、C级。

11）冷却方式。为防止电机在工作过程中产生的铜耗和铁耗使电机温升过高，一般需要采取冷却措施。永磁同步电机常用的冷却方式一般有水冷和风冷。

12）定额（工作制）。即电机的工作方式，指电机在正常使用时的延续时间。一般分为连续制（S1）和断续制（S2~S10）。

2.2.6 永磁同步电机的优点

1）用永磁体取代绕线式同步电机转子中的励磁绕组，从而省去了励磁线圈、集电环和电刷，以电子换相实现无刷运行，结构简单、运行可靠。

2）永磁同步电机的转速与电源频率间始终保持准确的同步关系，控制电源频率就能控制电机的转速。

3）永磁同步电机具有较硬的机械特性，对于因负载变化而引起的电机转矩的扰动具有较强的承受能力，瞬间最大转矩可以达到额定转矩的3倍以上，适合在负载转矩变化较大的工况下运行。

4）永磁同步电机的转子为永久磁铁，无须励磁，因此电机可以在很低的转速下保持同步运行，调速范围大。

5）永磁同步电机与异步电机相比，不需要无功励磁电流，因而功率因数高，定子电流和定子铜耗小，效率高。

6）体积小和质量小。近年来，随着高性能永磁材料的不断应用，永磁同步电机的功率密度得到很大提高，和同容量的异步电机相比，体积和质量都有较大的减少，从而适合应用在许多特殊场合。

7）结构多样化，应用范围广。

2.2.7 永磁同步电机的缺点

1）永磁同步电机转子为永磁体，无法调节，必须通过加定子直轴去磁电流分量来削弱磁场，这会增大定子的电流，增加电机的铜耗。

2）永磁同步电机的磁钢价格较高。

由此可见，永磁同步电机体积和质量小、转动惯量小、功率密度高（可达1kW/kg），适合电动汽车空间有限的特点；另外，转矩惯量比大、过载能力强，尤其低转速时输出转矩大，适合电动汽车的起动加速。因此，永磁同步电机得到国内外电动汽车界的广泛重视，并已在日本得到了普遍应用，日本新研制的电动汽车大多采用永磁同步电机驱动。

拓展知识

1. 永磁同步电机的驱动电路

永磁同步电机的驱动电路如图2-2-7所示，定子转组产生旋转磁场的机理与感应电机相同，其转子通过永久磁铁产生磁场，两个磁场相互作用产生转矩，定子绕组产生的旋转磁场可看作一对旋转磁极吸引转子的磁极随其一起旋转。永磁同步电机带负载时，气隙磁场是永磁体磁动势和电枢磁动势共同建立的，电枢磁动势对气隙磁场有影响，电枢磁动势的基波对气隙磁场的影响称为电枢反应。

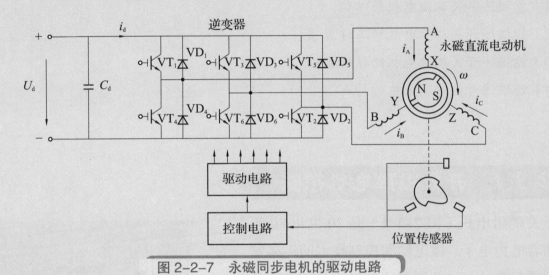

图2-2-7 永磁同步电机的驱动电路

2. 永磁同步电机的调速方式

永磁同步电机的转速与频率严格同步。对于一台永磁同步电机而言，由于转子磁场为永磁体励磁，其转子的极数和磁场的大小均无法调节，永磁同步电机的调速只能是改变电源频率的变频调速。永磁同步电机变频调速的电压频率特性与异步电机相同，在基频以下采用带定子电压补偿的恒压频比控制方式（即恒转矩运行），在基频以上采用电压恒定的控制方式（即恒功率运行）。

恒压频比开环控制的控制变量为电机的外部变量，即电压和频率，控制系统将参考电压和频率输入实现控制策略的调制器中，最后由逆变器产生一个交变的正弦电压施加在电机的定子绕组上，使之运行在指定的电压和参考频率下。

矢量控制理论的基本思想是以转子磁链旋转空间矢量为参考坐标，将定子电流分解为正交的两个分量，一个与磁链同方向，代表定子电流励磁分量，另一个与磁链方向正交，代表定子电流转矩分量，分别对其进行控制，获得与直流电机一样良好的动态特性。

学习任务3 认知开关磁阻电机

学习目标

1) 能描述开关磁阻电机的结构。
2) 能描述开关磁阻电机的工作原理。
3) 能描述开关磁阻电机的铭牌数据。
4) 能描述开关磁阻电机的特点。

2.3.1 开关磁阻电机概述

开关磁阻电机(图2-3-1)是20世纪80年代初随着电力电子、微电脑和控制技术的迅猛发展而发展起来的一种新型调速电机。其结构简单坚固,调速范围大,调速性能优异,且在整个调速范围内都具有较高效率,系统可靠性高。目前,开关磁组电机已广泛应用在仪器仪表、家电、电动汽车等领域。

图2-3-1 开关磁阻电机

2.3.2 开关磁阻电机的基本结构

开关磁阻电机构造简单,采用双凸极结构,其定、转子均由硅钢片冲压而成,定子上绕有集中绕组,径向相对的两个绕组串联构成一相;而转子上既无绕组也无永磁体,这样既减轻了质量,降低了制造成本,又能使电机更好地适应超高速的运转工况。四相8/6极开关磁阻电机的结构示意如图2-3-2所示。

图 2-3-2 开关磁阻电机的结构示意图

根据相数和定、转子极数的不同，开关磁阻电机可以有多种不同的结构形式，较常见的有三相 6/4 极、四相 8/6 极和三相 12/8 极，其结构示意分别如图 2-3-3（a）~（c）所示。不同相数和极数的开关磁阻电机的性能也不尽相同，相数越低，电机的结构越简单，所需的元器件也越少，成本也越低，但两相以下的开关磁阻电机并不具备自起动能力；相反，相数增多时，尽管增加了电机的复杂度和制作成本，但因为步距角较小而具有较好的起动性能和输出转矩。目前，以三相和四相开关磁阻电机最为常见。

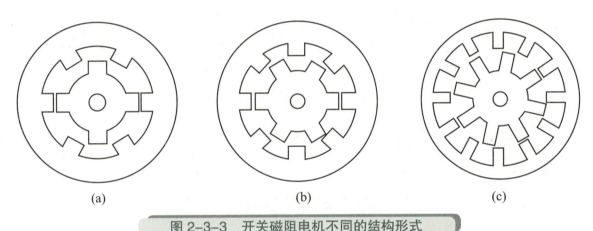

图 2-3-3 开关磁阻电机不同的结构形式
（a）三相 6/4 极；（b）四相 8/6 极；（c）三相 12/8 极

2.3.3 开关磁阻电机的基本原理

开关磁阻电机的转矩产生机理与直流电机、永磁同步电机、感应电机等传统电机有很大的不同。传统电机的转矩由通电导体在 N、S 极磁场中受力而产生，其本质为洛伦兹力，由电流和磁场的相量积得到。而开关磁阻电机的转矩是由转子在不同位置处储存的磁场能的变化产生的，其本质是磁阻力，遵循的是磁阻最小原理，即磁链总是沿着使磁阻达到最小的路径闭合，如图 2-3-4 所示。

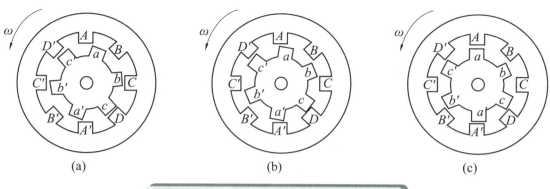

图 2-3-4 开关磁阻电机的基本原理
（a）20°；（b）10°；（c）0°

要使电机正常工作，首先要有变频电源产生一系列的脉冲电流，依次供给定子各相绕组；其次，各相绕组的导通和关断时间必须与转子位置同步。为此，电机的轴上应装有位置传感器，并通过控制系统来执行定子各相绕组的准确换相，以确保形成单向和平稳的电磁转矩。因此，确切地讲，开关磁阻电机是由磁阻电机、转子位置传感器、变频电源和控制系统四部分组成的一个电机驱动系统，如图 2-3-5 所示。

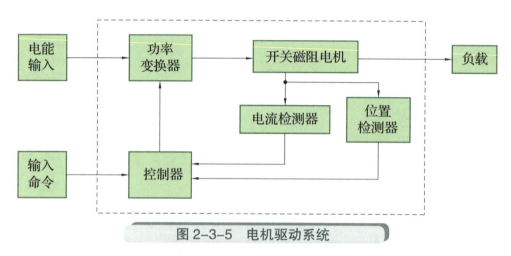

图 2-3-5 电机驱动系统

2.3.4 开关磁阻电机的优点

1）结构简单，转子上没有任何形式的绕组；定子上只有简单的集中绕组，端部较短，没有相间跨接线。因此，具有制造工序少、成本低、工作可靠、维修量小等优点。

2）转子的结构形式对转速的限制小，可用于高转速场合，而且转子的转动惯量小，在电流每次换相时可以随时改变相匝转矩的大小和方向，因而系统有良好的动态响应。

3）损耗主要产生在定子上，电机易于冷却；转子无永磁体，可允许有较高的温升。

4）转矩与电流极性无关，只需要单向的电流激励，在理想条件下功率变换电路中每相可以只用一个开关元件，且与电机绕组串联，不会像 PWM 逆变器电源那样存在两个开关元件直通的危险。因此，开关磁阻电机驱动系统的线路简单，可靠性高，成本也低于 PWM 交流调速系统。

5）电机驱动系统可以通过对电流的导通、断开和对幅值的控制得到满足不同负载要求的机械特性，易于实现系统的软起动和四象限运行等功能，控制灵活。另外，电机驱动系统属于自同步系统运行，不会像变频供电的感应电机那样在低频时出现不稳定和振荡问题。

6）由于开关磁阻电机采用了独特的结构和设计方法及相应的控制技巧，其单位出力可以与感应电机相媲美，甚至还略占优势。电机驱动系统的效率和功率密度在较大的速度和负载范围内都可以维持在较高水平。

7）适用于频繁起动、停止和正反转运行。

2.3.5 开关磁阻电机的缺点

1）运行时有转矩脉动。由开关磁阻电机的运行原理可知，其磁场是跳跃性旋转的，故其电磁转矩是由一系列脉冲转矩叠加而成的，由于双凸极结构和磁路饱和非线性的影响，其合成转矩不是一个恒定转矩，而有一定的谐波分量，因而影响了其低速运行性能。

2）传动系统的噪声与震动比一般电机大。

3）引出线较多。由于开关磁阻电机上装有位置传感器和电流传感器，其引线要比一般的电机复杂一些。

4）脉冲电流对供电电源有影响。

2.3.6 开关磁阻电机的功率变换器

理想的功率变换器主电路结构应同时具备以下条件。

1）少而有效的主开关器件。

2）可以将全部电源电压加给电机绕组。

3）可以通过主开关器件调制有效控制每相电流。

4）可以迅速增加相绕组电流。

5）在负半轴绕组磁链减少的同时，能将能量回馈给电源。

1. 双开关型功率变换器

双开关型功率变换器电路每相具有两个主开关器件及两个续流二极管。当两个主开关器件同时导通时，电源向电机绕组供电；当两个主开关器件同时断开时，相电流通过续流二极管续流，将电机绕组中磁场储能以电能形式迅速回馈电源，实现强迫换相，如图 2-3-6 所示。

2. 双绕组型功率变换器

该功率变换器电路中，每相有主、副两个绕组，主、副绕组双线并绕，同名端反接，匝数比为 1∶1。当主开关导通时，电源对主绕组供电；当主开关关断时，靠磁耦合将主绕组的电流转移到副绕组，通过二极管续流，向电源迅速回馈电能，实现强迫换相，如图 2-3-7 所示。

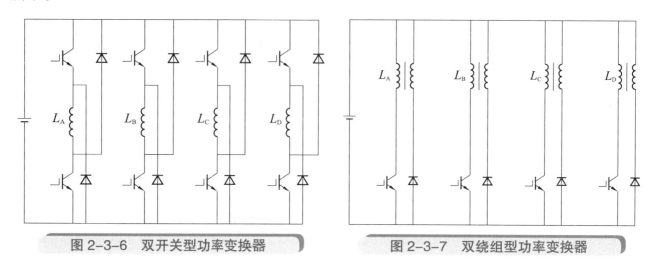

图 2-3-6　双开关型功率变换器　　　　　图 2-3-7　双绕组型功率变换器

3. 电容裂相型功率变换器

电容裂相型功率变换器电路是指将整流输出的电压通过双电容裂相形成的电路，其电容同时还起到滤波、存储绕组回馈能量的作用。采用这种电路可对电机的各相进行独立控制，每相只需要一个主开关器件和一个续流二极管，如图 2-3-8 所示。

4. H 桥型功率变换器

H 桥型功率变换器电路可以看作电容裂相电路取消了电容器分压，并将各相绕组中点浮空而形成的电路。换相时磁能以电能形式一部分回馈电源，另一部分注入导通相绕组，引起中点电位的较大浮动，如图 2-3-9 所示。

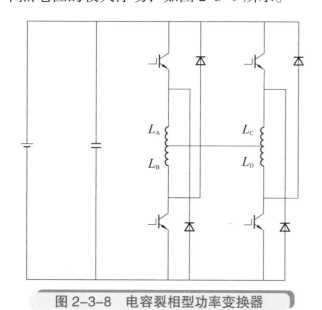

图 2-3-8　电容裂相型功率变换器　　　　　图 2-3-9　H 桥型功率变换器

5. 能量回收型功率变换器

能量回收型功率变换器通常有谐振能量回收、阻尼能量回收以及斩波能量回收几种形式，如图 2-3-10 所示。

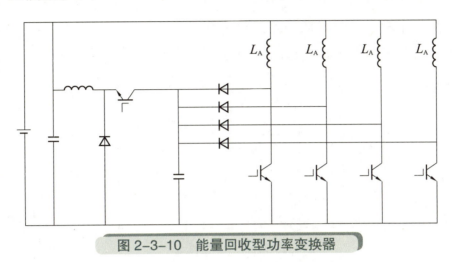

图 2-3-10 能量回收型功率变换器

拓展知识

1. 开关磁阻电机控制系统的结构组成

开关磁阻电机控制系统（图 2-3-11）主要由功率变换器、控制器、位置传感器等组成。功率变换器向开关磁阻电机提供运转所需的能量，由动力电池组或交流电整流后得到直流电供电。开关磁阻电机绕组电流是单向的。控制器综合处理指令、速度、电流和位置传感器的反馈信号，控制功率变换器的工作状态，实现对开关磁阻电机的状态控制。

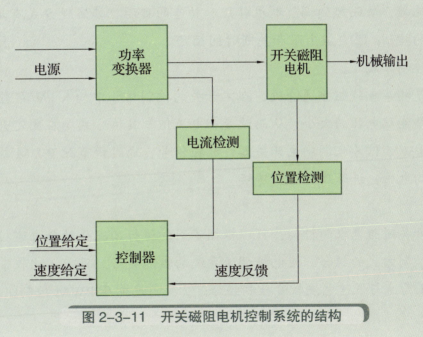

图 2-3-11 开关磁阻电机控制系统的结构

图 2-3-12 所示的功率变换器电路很适合电动汽车用开关磁阻电机。该电路利用两个功率器件（如 A 相为 VT_1 和 VT_2）和两个续流二极管（A 相为 VD_1 和 VD_2）分别控制相电流，并实现能量回收功能。由于这种电路的拓扑结构每相需要两个功率器件，该变换器的成本相对高于一个功率器件的变换器，但是可以单独控制每相绕组，而且不受其他相绕组状态的影响。因此可以采用相重叠使转矩增加，并且恒功率调速范围变大。

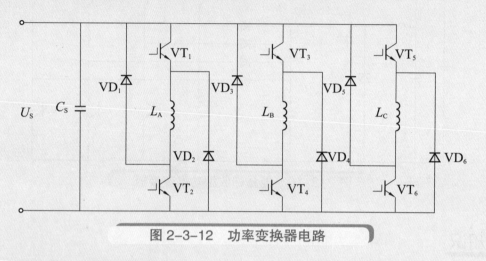

图 2-3-12　功率变换器电路

2. 开关磁阻电机的控制方式

（1）角度控制方式

角度控制方式是指保持电压不变，通过对开通角和关断角进行控制来改变电流波形以及电流波形与绕组电感波形的相对位置。

（2）电流斩波控制方式

对于电流斩波控制，一般保持电机的开通角和关断角不变，而主要以控制斩波电流的上下幅值进行比较，从而起到调节电机转矩和转速的目的。其实现方式有两种：①限制电流上、下幅值的控制；②电流上限和关断时间恒定。

（3）电压控制方式

电压控制是指某相绕组导通阶段，在主开关的控制信号中加入 PWM 信号，通过调节占空比来调节绕组端电压的大小，从而改变相电流值。具体方式是在固定开通角和关断角的情况下，用 PWM 信号来调制主开关器件相控信号，通过调节此 PWM 信号的占空比改变相绕组的平均电压，进而改变输出转矩。

（4）组合控制

对于实际开关磁阻电机的控制，可以根据不同的运行工况并结合上述控制方式的优缺点，选用几种控制方式的组合，使电机调速系统的性能更好。目前，比较常用的组合控制方式有两种：①高速与低速电流斩波控制组合；②变角度电压 PWM 控制组合。

学习任务4 认知电机转速传感器

学习目标

1）能描述旋转变压器。
2）能描述霍尔转速传感器。
3）能描述电磁式转速传感器。

2.4.1 旋转变压器

1. 旋转变压器概述

旋转变压器（图2-4-1）是一种电磁式传感器，又称同步分解器。它是一种测量角度用的小型交流电机，用来测量旋转物体的转轴角位移和角速度，由定子和转子组成。定子绕组作为变压器的原边，接受励磁电压，励磁频率通常用400Hz、3000Hz及5000Hz等。转子绕组作为变压器的副边，通过电磁耦合得到感应电压。旋转变压器的工作原理和普通变压器基本相似，区别在于普通变压器的原边、副边绕组是相对固定的，所以输出电压和输入电压之比是常数，而旋转变压器的原边、副边绕组随转子的角位移发生相对位置的改变，因而其输出电压的大小随转子角位移而发生变化，输出绕组的电压幅值与转子转角呈正弦、余弦函数关系，或保持某一比例关系，或在一定转角范围内与转角呈线性关系。

图2-4-1 旋转变压器

2. 旋转变压器的分类

1）按旋转变压器的结构，一般有两极绕组和四极绕组两种结构形式。两极绕组旋转变压器的定子和转子各有一对磁极，四极绕组则各有两对磁极，主要用于高精度的检测系统。除此之外，还有多极式旋转变压器，用于高精度绝对式检测系统。

2）按输出电压与转子转角间的函数关系，主要分三大类旋转变压器：①正－余弦旋转变压器，其输出电压与转子转角的函数关系呈正弦或余弦函数关系；②线性旋转变压器，其输出电压与转子转角呈线性函数关系（线性旋转变压器按转子结构又分成隐极式和凸极式两种）；③比例式旋转变压器，其输出电压与转角呈比例关系。

3. 旋转变压器的工作原理

如图 2-4-2 所示，旋转变压器包含三个绕组，即一个转子绕组和两个定子绕组。转子绕组随马达旋转，定子绕组位置固定且两个定子互为 90° 角。这样，绕组形成了一个具有角度依赖系数的变压器。

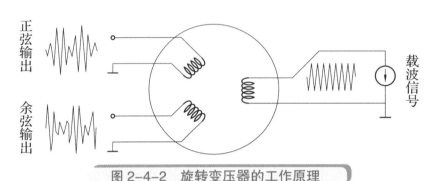

图 2-4-2 旋转变压器的工作原理

将施加在转子绕组上的正弦载波耦合至定子绕组，对定子绕组输出进行与转子绕组角度相关的幅度调制。由于安装位置的原因，两个定子绕组调制输出信号的相位差为 90°。通过解调两个信号可以获得马达的角度位置信息，具体方法为：首先要接收纯正弦波及余弦波，然后将其相除得到该角度的正切值，最终通过反正切函数求出角度值。

由于旋转变压器在结构上保证了其定子和转子（旋转一周）之间空气间隙内磁通分布符合正弦规律，当激磁电压加到定子绕组时，通过电磁耦合，转子绕组便产生感应电势，如图 2-4-3 所示。

在实际应用中，考虑到使用的方便性和检测精度等因素，常采用四极绕组式旋转变压器。这种结构形式的旋转变压器可分为鉴相式和鉴幅式两种工作方式。

鉴相式工作方式是一种根据旋转变压器转子绕组中感应电势的相位来确定被测位移大小的检测方式。如图 2-4-4 所示，定子绕组和转子绕组均由两个匝数相等且互相垂直的绕组组成。

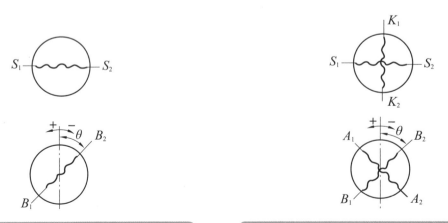

图 2-4-3 旋转变压器的工作方式　　图 2-4-4 四极绕组式旋转变压器的工作方式

在鉴相式工作方式图中，转子绕组 A_1A_2 接一高阻抗，它不作为旋转变压器的测量输出，主要起平衡磁场的作用，目的是提高测量精度。

4. 旋转变压器与光电编码器比较的优缺点

旋转变压器和光电编码器是目前伺服领域应用最广的测量元件，其用途类似光电编码器，其原理和特性上的区别决定了其应用场合和使用方法的不同。

光电编码器直接输出数字信号，处理电路简单，噪声容限大，容易提高分辨率，缺点是不耐冲击，不耐高温，易受辐射干扰，因此不宜用在军事和太空领域。

旋转变压器具有耐冲击、耐高温、耐油污、可靠性高、寿命长等优点，其缺点是输出为调制的模拟信号，输出信号解算较复杂。

由于振动冲击等的影响，电动汽车上驱动电机一般采用旋转变压器测量永磁电机磁场位置和转子转速，如图2-4-5所示。

图 2-4-5 旋转变压器

2.4.2 霍尔转速传感器

1. 霍尔效应

霍尔效应是电磁效应的一种，这一现象是美国物理学家霍尔于1879年在研究金属的导电机制时发现的。当电流垂直于外磁场通过导体时，垂直于电流和磁场的方向会产生一附加电场，从而在导体的两端产生电势差，这一现象就是霍尔效应，这个电势差也被称为霍尔电势差，如图2-4-6所示。霍尔效应应使用左手定则判断。

2. 齿轮式霍尔转速传感器的结构

齿轮式霍尔转速传感器也由传感头和齿圈组成。传感头由永磁体、霍尔元件和电子电路等组成，永磁体的磁力线穿过霍尔元件通向齿轮，如图2-4-7所示。

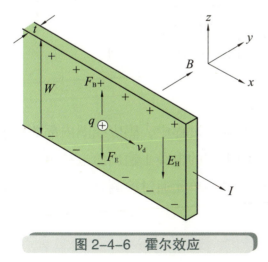

图 2-4-6 霍尔效应

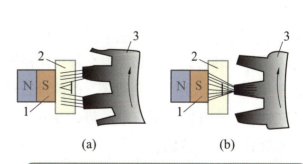

图 2-4-7 齿轮式霍尔转速传感器的结构
1—磁体；2—霍尔元件；3—齿圈

3. 齿轮式霍尔转速传感器的工作原理

当齿轮位于图2-4-7（a）中所示位置时，穿过霍尔元件的磁力线分散，磁场相对较弱；而当齿轮位于图2-4-7（b）中所示位置时，穿过霍尔元件的磁力线集中，磁场相对较强。齿轮转动时，穿过霍尔元件的磁力线密度发生变化，从而引起霍尔电压的变化，霍尔元件将输出一个毫伏（mV）级的准正弦波电压。此信号还需由电子电路转换成标准的脉冲电压。

4. 齿轮式霍尔转速传感器的优缺点

齿轮式霍尔转速传感器具有以下优点：①输出信号电压幅值不受转速的影响；②频率响应高，其响应频率高达20kHz，相当于车速为1000km/h时所检测的信号频率；③抗电磁波干扰能力强。因此，霍尔传感器不仅广泛应用于防抱死制动系统（Antilock Brake System，ABS）轮速检测，还广泛应用于其控制系统的转速检测。

2.4.3 电磁式转速传感器

1. 电磁式转速传感器的结构

电磁式转速传感器的结构如图2-4-8所示，它由永磁体2、极轴5和感应线圈4等组成，极轴头部结构有凿式和柱式两种。

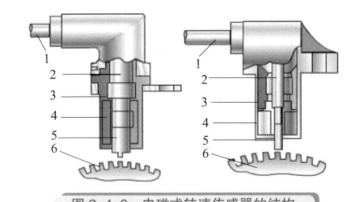

图2-4-8 电磁式转速传感器的结构

1—电缆；2—永磁体；3—外壳；4—感应线圈；5—极轴；6—齿圈

2. 电磁式转速传感器的工作原理

齿圈6旋转时，齿顶和齿隙交替对向极轴。在齿圈旋转过程中，感应线圈内部的磁通量交替变化，从而产生感应电动势，此信号通过感应线圈末端的电缆1输出给电控单元。当齿圈的转速发生变化时，感应电动势的频率也发生变化。电控单元通过检测感应电动势的频率来检测旋转设备的转速。

3. 电磁式转速传感器的优缺点

电磁式转速传感器结构简单、成本低，但存在下述缺点：①其输出信号的幅值随转速的变化而变化，若车速过慢，其输出信号低于 1V，电控单元就无法检测；②响应频率不高，当转速过高时，传感器的频率响应跟不上；③抗电磁波干扰能力差，目前国内外 ABS 的控制速度范围一般为 15~160km/h，今后要求控制速度范围扩大到 8~260km/h 以至更大，显然电磁式转速传感器很难适应。

拓展知识

1. 驱动电机与控制器冷却系统的功能

电动汽车在驱动与回收能量的工作过程中，驱动电机定子铁芯、定子绕组在运动过程中都会产生损耗，这些损耗以热量的形式向外发散，需要有效的冷却介质及冷却方式来带走热量，保证电机在一个稳定的冷热循环平衡的通风系统中安全可靠运行。电机冷却系统设计的好坏将直接影响电机的安全运行和使用寿命。需要特别说明的是，对于采用永磁同步电机的驱动单元，由于车辆在大负荷低速运行时，极容易使电机产生高温，在高温状态下很容易导致永磁转子产生磁退现象，需要借助冷却系统对电机的温度进行控制。

如图 2-4-9 所示，纯电动汽车冷却系统的功能是将电机、电机控制器及车载充电器产生的热量及时散发出去，保证其在要求的温度范围内稳定高效地工作。

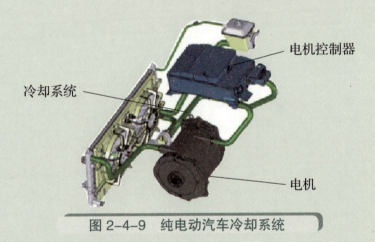

图 2-4-9　纯电动汽车冷却系统

2. 驱动电机的主要冷却方式

驱动电机的主要冷却方式有自然冷却、风冷和水冷。

（1）自然冷却

自然冷却依靠电机铁芯自身的热传递散去电机产生的热量，热量通过封闭的机壳表面传递给周围介质，其散热面积为机壳的表面，为增加散热面积，机壳表面可加冷却筋。

自然冷却结构简单，不需要辅助设施就能实现，但效率差，仅适用于转速低、负载转矩小、电机发热量较小的小型电机。

(2) 风冷

风冷是指电机自带同轴风扇来形成内风路循环或外风路循环，通过风扇产生足够的风量，带走电机产生的热量。风冷的介质为电机周围的空气，空气直接送入电机内，吸收热量后向周围环境排出。

风冷结构相对简单，电机冷却成本较低，适用于成本较低且功率较小的纯电动汽车。但受环境因素的制约，在恶劣的工业环境中，如高温、粉尘、污垢和恶劣的天气下无法使用风冷。风冷常用于清洁、无腐蚀、无爆炸环境下的电机。

(3) 水冷

水冷是指将水（冷却液）通过管道和通路引入定子或转子空心导体内部，通过循环水不断流动，带走电机转子和定子产生的热量，达到对电机的冷却功能。

水冷的冷却效果比风冷更显著，无热量散发到环境中，但是需要良好的机械密封装置。水循环系统结构复杂，存在渗漏隐患，如果发生水渗漏，会造成电机绝缘破坏，可能烧毁电机；水质需要处理，其电导率、硬度和pH值都有一定的要求。水冷适用于功率较大的纯电动汽车。

学习情境 3

驱动电机的检修

学习任务 1　驱动电机更换

> **学习目标**
>
> 1）能描述吉利帝豪 EV450 驱动电机简介。
> 2）能描述吉利帝豪 EV450 驱动电机的拆卸程序。
> 3）能描述吉利帝豪 EV450 驱动电机的安装程序。

3.1.1　吉利帝豪 EV450 驱动电机简介

本车采用的是永磁同步驱动电机，电机主要由前端盖、后端盖、壳体、定子总成、转子总成、轴承、低压接插件、接线板组件、旋变总成（套）组成，如图 3-1-1 所示。

如图 3-1-2 所示，当三相交流电被接入定子绕组中，即产生了旋转的磁场时，这个旋转的磁场牵引转子内部的永磁体，产生和旋转磁场同步的旋转扭矩。使用旋转变压器检测转子的位置，使用电流传感器检测线圈的电流，从而控制驱动电机的扭矩输出。

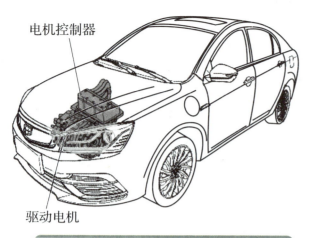

图 3-1-1 吉利帝豪 EV450 驱动电机

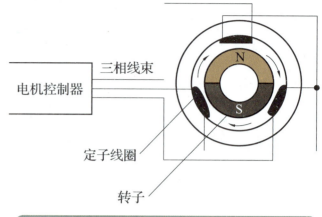

图 3-1-2 吉利帝豪 EV450 驱动电机的原理

如图 3-1-3 所示，电机的速度-转矩特性非常适合汽车驱动的需求。电机转子采用永磁体，旋转磁场和定子绕组共同作用产生扭矩。与传统汽油机不同，电机没有怠速。即使车辆由静止到起步的临界状态，电机也可产生最大驱动扭矩，可保证提供给车辆较好的加速度。

吉利帝豪 EV450 轿车驱动电机的参数如表 3-1-1 所示。

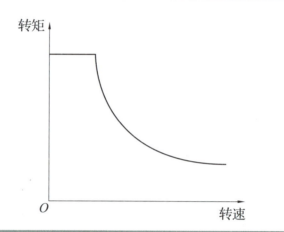

图 3-1-3 吉利帝豪 EV450 驱动电机速度-转矩特性

表 3-1-1 吉利帝豪 EV450 轿车驱动电机的参数

项目	参数
电机型号	TM5028
最大交流电流	400A
绝缘等级	H
额定电压	270~410V DC
额定功率	42kW
峰值功率	95kW
额定转矩	105N·m
峰值转矩	240N·m
额定转速	4000r/min
峰值转速	11000r/min
温度传感器类型	NTC

3.1.2 吉利帝豪EV450驱动电机的拆卸程序

1）打开前机舱盖。

2）操作空调制冷剂的回收程序。

3）断开蓄电池负极电缆。

4）拆卸维修开关：

①打开副仪表储物盒盖板，如图3-1-4所示。

②拆卸副仪表板储物盒，如图3-1-5所示。

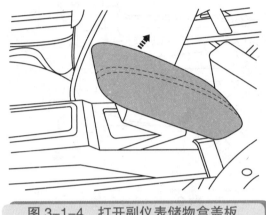

图3-1-4 打开副仪表储物盒盖板

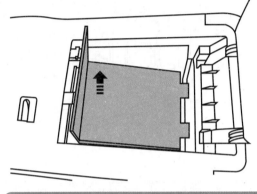

图3-1-5 拆卸副仪表板储物盒

③拇指按住维修开关把手卡扣，其余手指按住把手，当把手由水平位置到垂直位置时，向上垂直拔出维修开关插头，如图3-1-6所示。

④关闭副仪表储物盒盖板。

5）拆卸左、右前轮轮胎。

6）拆卸驱动轴。

7）拆卸分线盒。

8）拆卸充电机。

9）拆卸电机控制器上盖。

10）拆卸电机控制器。

11）拆卸三相线束。

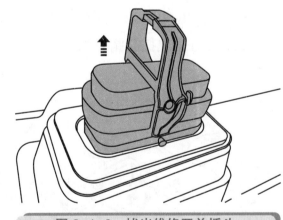

图3-1-6 拔出维修开关插头

12）拆卸冷却液储液罐。

13）拆卸机舱底部护板。

14）拆卸压缩机。

15）拆卸制冷空调管。

16）拆卸制动真空泵。

17）拆卸冷却水泵。

18）固定驱动电机。

19）拆卸前悬置。

20）拆卸后悬置。

21）拆卸左悬置。

22）拆卸右悬置。

23）拆卸驱动电机及减速器总成：

①使用吊装工具从上端固定驱动电机，如图3-1-7所示。

②拆卸电机进、出水管环箍，脱开电机冷却水管，如图3-1-8所示。

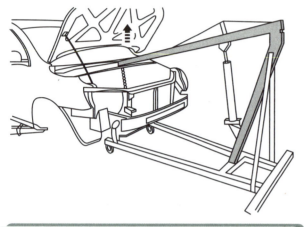

图3-1-7　使用吊装工具从上端固定驱动电机　　　图3-1-8　水管脱开

⚠ 注意：水管脱开前请在车辆底部放置容器，接住防冻液，以免污染地面。拆卸或安装水管环箍时都应使用专用的环箍钳。

③断开驻车电机线束连接器，脱开线束固定卡扣，如图3-1-9所示。

④拆卸动力总成托架搭铁线束固定螺栓，脱开动力总成托架搭铁线束1，如图3-1-10所示。

⑤拆卸动力线束搭铁螺栓2，如图3-1-10所示。

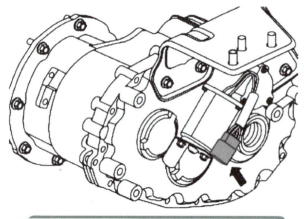
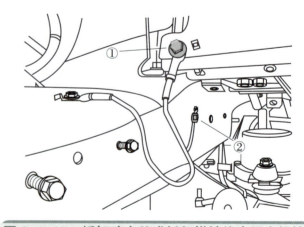

图3-1-9　断开驻车电机线束连接器　　　图3-1-10　拆卸动力总成托架搭铁线束固定螺栓

⑥断开驱动电机线束连接器1，如图3-1-11所示。

⑦拆卸驱动电机搭铁线束固定螺栓2，脱开驱动电机搭铁线束，如图3-1-11所示。

⑧脱开动力总成托架上的动力线束卡扣，从动力总成托架抽出动力线束，如图3-1-12所示。

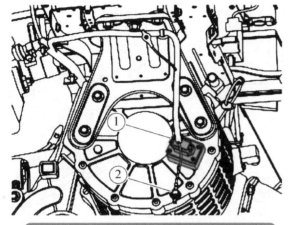

图3-1-11 断开驱动电机线束连接器

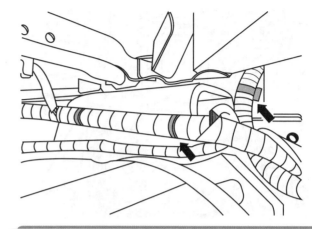

图3-1-12 脱开动力总成托架上的动力线束卡扣

⑨举升吊装工具，移出驱动电机及减速器总成。

⚠ 注意：举升过程中应缓慢向外移动，避免吊装工具与机舱盖产生干涉。

24）拆卸减速器总成。

25）拆卸动力总成托架。

3.1.3 吉利帝豪EV450驱动电机的安装程序

1）安装动力总成托架。

2）安装减速器总成。

3）安装驱动电机及减速器总成：

①举升吊装工具，放置驱动电机及减速器总成。

②将动力线束布置到动力总成托架上，固定动力线束卡扣，如图3-1-13所示。

③连接驱动电机线束连接器1，如图3-1-14所示。插接时注意"一插、二响、三确认"。

④连接驱动电机搭铁线束，紧固驱动电机搭铁线束固定螺栓2，如图3-1-14所示[力矩：8N·m（公制），5.9lb·ft（英制）]。

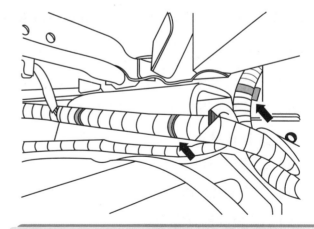

图3-1-13 将动力线束布置到动力总成托架上

⑤连接动力总成托架搭铁线束1，紧固固定螺栓，如图3-1-15所示[力矩：9N·m（公制），6.6lb·ft（英制）]。

⑥紧固动力线束搭铁螺栓2，如图3-1-15所示［力矩：8N·m（公制），5.9lb·ft（英制）］。

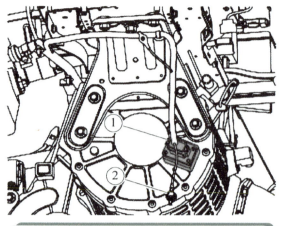

图3-1-14　紧固固定螺栓

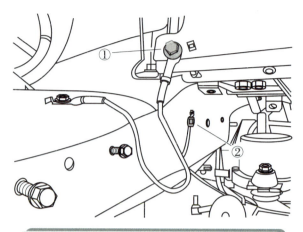

图3-1-15　紧固动力线束搭铁螺栓

⑦连接驻车电机线束连接器，固定线束卡扣，如图3-1-16所示。

⑧连接电机冷却水管，安装水管环箍，如图3-1-17所示。

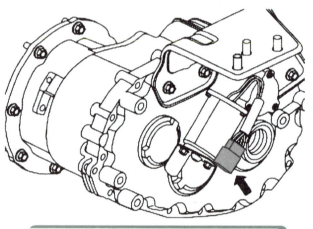

图3-1-16　连接驻车电机线束连接器

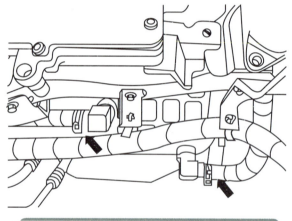

图3-1-17　安装水管环箍

⚠ 注意：环箍装配位置应该与管路标示线对齐。

4）安装前悬置。

5）安装后悬置。

6）安装左悬置。

7）安装右悬置

8）安装压缩机。

9）安装冷却水泵。

10）安装制动真空泵。

11）安装制冷空调管。

12）安装拆卸冷却液储液罐。

13）安装三相线束。

14）安装电机控制器。

15）安装电机控制器上盖。

16）安装分线盒。

17）安装充电机。

18）安装驱动轴。

19）加注减速器油。

20）安装机舱底部护板。

21）安装左、右前轮轮胎。

22）安装维修开关。

23）加注冷却液。

24）连接蓄电池负极电缆。

25）操作空调制冷剂的加注程序。

26）关闭前机舱盖。

拓展知识

1. 纯电动汽车驱动电机与控制器冷却系统的结构组成

纯电动汽车驱动电机与控制器的冷却系统主要依靠冷却水泵带动冷却液在冷却管道中循环流动，通过散热器的热交换等物理过程，冷却液带走电机与控制器产生的热量。为使散热器热量散发更充分，通常还在散热器后方设置风扇，如图3-1-18所示。

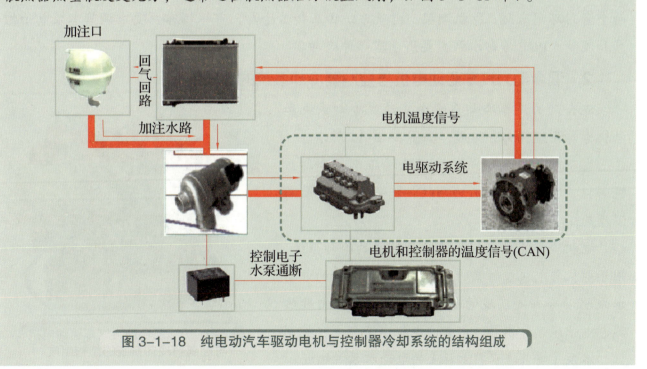

图3-1-18 纯电动汽车驱动电机与控制器冷却系统的结构组成

驱动电机与控制器冷却系统的冷却水泵一般采用电动冷却水泵，整车控制器监控到电机/电机控制器温度过高时会自动打开冷却水泵。

新能源汽车采用的PCE无刷冷却水泵采用无刷电机技术，可实现三个功率范围（40W/60W/70W），以满足不同的冷却回路要求。

PCE不仅采用了无刷技术，还优化了内部液压部分的设计，效率提高了39%。由于设计紧凑，质量减小（最大620g），CO_2的排放显著降低。噪声方面，PCE优于客户标准要求，可用于混合动力或者电动车。其通过PWM或LIN的接口来实现速度控制和诊断功能。PCE带有内部诊断功能，不同的失效模式（如温度过高、堵转等）会报告给控制单元。如果故障持续超过预定期间，水泵默认为"紧急模式"，会降低功率，以确保导入功能（如电力电子元件的冷却）。无刷驱动和稳健的设计确保了水泵的高耐久性，这对插电式混合动力车和电动车是必需的。

PCE冷却水泵的优点如下。

1）通过提高效率、可控制的速度和减小质量降低了碳排放。

2）降低了噪声水平。

3）覆盖广泛的液压范围。

4）具备不同失效反馈的自诊断功能。

5）功率密度高。

6）耐久性高。

7）技术领先：PCE冷却水泵是离心式水泵，泵体内的定子和电子元件与转子相分离。通电时，电子元件通过定子绕组产生可变的磁场，驱动转子（叶轮），从而实现液体流动。两个密封环用来防止电机潮湿。电子系统由压铸盖冷却，可根据客户要求调节水泵电子信号和流量。PCE冷却水泵主要用于零部件冷却。

2. 混合动力汽车驱动电机与控制器冷却系统的结构组成

混合动力汽车冷却系统由发动机冷却系统和电机冷却系统两部分组成，如图3-1-19所示。

发动机冷却系统与传统涡轮增压车型冷却系统一样，系统水温一般为90℃~100℃，允许最高温度为110℃。

电机冷却系统采用了第三套独立的冷却系统，用于电机与电机控制器的冷却，是通过单独的电动水泵驱动冷却液实现的独立循环系统。它由散热器、电子风扇、水管、水壶、电机水套、电机控制器、水泵（安装在水箱立柱上的电动水泵）组成。

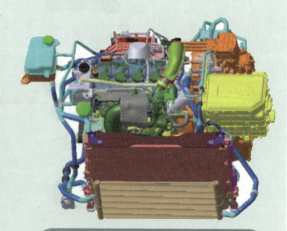

图3-1-19 混合动力汽车驱动电机与控制器冷却系统的结构组成

学习任务2　驱动电机的检修

学习目标

1) 能描述驱动电机主要技术性能评价参数。
2) 能描述驱动电机基本电量参数的检测。
3) 能描述电机性能参数的测量。
4) 能描述驱动电机三相线束是否相互短路检测。

3.2.1　驱动电机主要技术性能评价参数

驱动电机通常都有以下性能评价参数。

1. 电量参数

包括电压、电流、功率、频率、相位、阻抗、介电强度、谐波等。

2. 非电量参数

包括转速、转矩、温度、噪声、振动等。

通过这些参数能够了解电机运行时的工作特性，对被测电机进行性能评价。

3.2.2　驱动电机基本电量参数的检测

要测量驱动电机的电量参数，就要关注最基本的电量参数：电压、电流、功率、频率、相位。这些参数是通过电子测量仪器进行测量的，根据测量项目的不同，一般会用到电压表、电流表、功率表、频率表等各种仪表。实际上，当前的电流参数测量技术非常成熟，通常使用功率分析仪（或功率计）即可满足电机所有基本电量参数的测量需求。

功率分析仪（图3-2-1）实际上是电压表、电流表、功率表和频率表的有机融合，它实现了高精度的电压、电流、频率、相位实时采集，并实时运算出功率结果，可以为使用者提供精准的电机电量参数测试结果，且不同参数之间的采集在时基上是同步的，保证了数据的有效性。

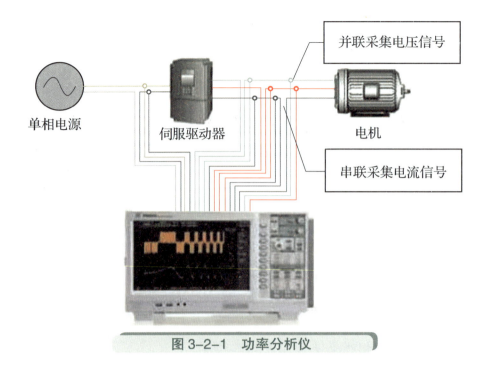

图 3-2-1　功率分析仪

3.2.3　电机性能参数的测量

电机性能的测量参数有负载特性测试、T-N 曲线测试、耐久性测试、空载测试、堵转测试、起动电流。下面重点介绍前三种。

1. 负载特性测试

测试目的：

确定电机的效率、功率因数、转速、定子电流等。

测试方法：

用伺服电机给被测电机加载，从 150% 额定负载逐步降低到 25% 额定负载，在此间至少选取 6 个测试点（必包含 100% 额定负载点），测取其电压、电流、功率、转矩、转速等参数并进行计算。

测试依据标准：

GB/T 22669—2008《三相永磁同步电机试验方法》第 8 章负载实验；

GB/T 1032—2012《三相异步电机试验方法》第 7 章负载特性实验。

从负载特性作用上看，主要是针对不同负载情况下电机特性的测试，保证电机在不同适用场合下仍能良好运行，保证电机质量，提高生产生活效率。

2. T-N 曲线测试

测试目的：

描绘出电机的转速、转矩关系特性曲线。

测试方法：

测量从 0 转速到最高转速下，在不同转速点能输出的最大扭矩，绘制出其关系曲线，如图 3-2-2 所示。

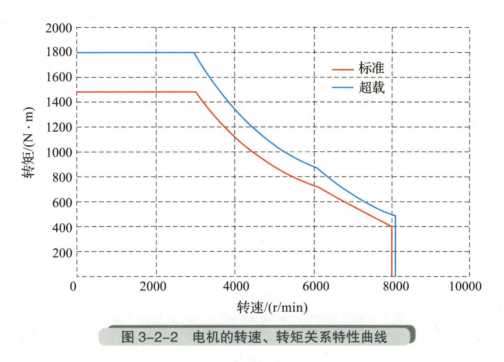

图 3-2-2　电机的转速、转矩关系特性曲线

根据不同转速对应下的扭矩来判断电机基本特性，直观地表现电机运行性能，更好地评估电机的运行状态。

3. 耐久性测试

在测试软件中，可由用户设定电机按某个测试方案来进行耐久性测试。例如，设定被测电机以 80% 的额定转速运行 10min，之后暂停 5min，再以 120% 的额定转速运行 10min。测试该运行过程中的电压、电流、效率、转矩、转速等关键信息。

3.2.4　驱动电机三相线束是否相互短路检测

1）操作起动开关，使电源模式至 OFF 状态。

2）断开蓄电池负极电缆。

3）拆卸维修开关。

4）断开驱动电机三相线束连接器 EP61，如图 3-2-3 所示。

5）断开驱动电机三相线束连接器 EP62。

6）用万用表按表 3-2-1 进行测量。

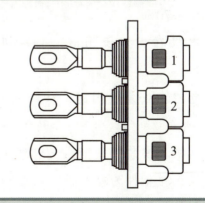

图 3-2-3　驱动电机三相线束连接器 EP61

表 3-2-1 测量标准值表（一）

测量位置 A	测量位置 B	测量标准值
EP61-1	EP61-2	标准电阻：20kΩ 或更高
EP61-1	EP61-3	
EP61-2	EP61-3	

3.2.5 驱动电机三相线绝缘电阻检测

1）操作起动开关，使电源模式至 OFF 状态。

2）拆卸维修开关。

3）断开驱动电机三相线束连接器 EP61。

4）断开驱动电机三相线束连接器 EP62。

5）用万用表按表 3-2-2 进行测量。

表 3-2-2 测量标准值表（二）

测量位置 A	测量位置 B	测量标准值
EP61-1	车身接地	标准电阻：20kΩ 或更高
EP62-1	车身接地	
EP61-2	车身接地	

拓展知识

1. 驱动电机操作注意事项

驱动电机工作时的环境是高电压、大电流，在操作时一定要注意以下几点。

1）产品运输及安装过程中应避免碰撞、跌落及和人体的挤压。

2）存储环境应干燥，拆开电机包装时的环境要求如下：温度为 -25℃~+55℃，相对湿度为 10%~70%。

3）电机在安装使用前，必须进行绝缘检查（接线端子对机壳的绝缘电阻应大于 250MΩ）。

4）电机在安装使用前，旋转电机输出轴应能灵活转动，电机外观应无机壳破损或异常形变情况。

5）电机在安装使用前，三相线束导电部分及电机强电接口应清洁无异物。

6）低压接插件为塑料件，安装过程中应避免与坚硬物体直接碰撞或受力。

7）电机转子带强磁性，电机除高低压盖板外，禁止拆装其余零部件。

2. 驱动电机系统集成

驱动电机系统越来越朝着低成本、轻量化、小型化、高效率、集成化方向发展，而驱动电机系统的集成化使小型轻量化、低成本与高效率的最快实现成为可能。通常驱动系统集成化包括机电集成与电力电子集成。①机电集成：主要包括电机与发动机总成，或电机与变速箱的集成，其特点是通过高效、高速电机与高效传动的集成，提升驱动系统效率、功率密度，以降低成本；②电力电子集成：主要基于绝缘栅双极型晶体管（Insulated Gate Bipolar Transistor，IGBT）、电容、高效散热技术的高功率密度电力电子集成技术，以实现车载电力电子系统的功率密度倍增，降低成本。

驱动电机原材料成本占比较高，主要包括铁芯叠片、驱动轴体等钢材，钕铁硼等稀土永磁材料，镁铝合金以及铜材等基本金属；在永磁同步电机中，永磁体材料占整个永磁同步电机成本的45%；在交流感应电机中，铁芯叠片所占成本更是接近60%，原材料价格的变化显著决定了驱动电机的制造成本。驱动电机厂商唯有不断降低单体电机的金属用量，提高电机功率密度，实现包括电机与发动机总成，或电机与变速箱的集成，才能有效应对上游原材料价格的波动。

学习情境 4

电的转换

学习任务 1　认知 AC-DC 变换电路

学习目标

1）能描述 AC-DC 变换器概述。
2）能描述单相半波整流电路。
3）能描述单相桥式整流电路。
4）能描述三相桥式整流电路。

4.1.1　AC-DC 变换器概述

AC-DC 变换器（图 4-1-1）也称为整流器，是将交流电变换成直流电的电路。大多数整流电路由变压器、整流主电路、滤波器等组成。20 世纪 70 年代以后，整流主电路多由硅整流二极管或晶闸管组成。滤波器接在主电路与负载之间，用

图 4-1-1　AC-DC 变换器

于滤除脉动直流电压中的交流成分。变压器设置与否视具体情况而定，变压器的作用是实现交流输入电压与直流输出电压间的匹配以及交流电网与整流电路之间的电隔离。

4.1.2 单相半波整流电路

单相半波整流电路实际应用较少，但其电路简单、结构清晰、易于理解，便于深入理解整流原理。单相半波整流电路只用一个整流器件（功率二极管、晶闸管或 IGBT 等），单相半波整流电路如图 4-1-2 所示，整流器件为功率二极管。

当电源电压为正半周期时，二极管因承受正向电压而导通，若忽略二极管导通压降，则电源电压全部施加在负载上；当化为负半周期时，二极管承受反向电压而关断，负载电压为零。在电阻负载下，负载电流波形与电压相同，电阻负载电压电流波形如图 4-1-3 所示。

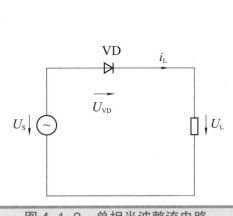

图 4-1-2 单相半波整流电路

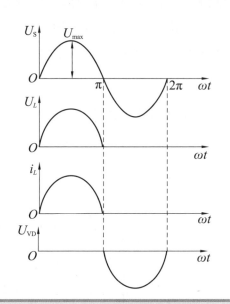

图 4-1-3 电阻负载电压电流波形

4.1.3 单相桥式整流电路

单相桥式整流电路如图 4-1-4 所示。二极管 VD_1、VD_4 串联构成一个桥臂，二极管 VD_2、VD_3 串联构成另一个桥臂。将 VD_1、VD_3 的阴极连在一起，构成共阴极，将 VD_2、VD_4 的阳极连在一起，构成共阳极。交流电源化与整流桥之间有变压器 T，感性负载可等效为电感 L 与电阻 R 的串联，跨接在共阳极与共阴极之间。

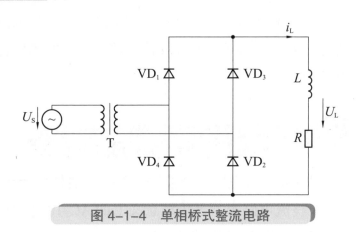

图 4-1-4 单相桥式整流电路

4.1.4 三相桥式整流电路

广泛应用的三相桥式整流电路是从三相半波电流电路扩展而来的。三相桥式整流电路由两组三相半波整流电路串联而成，一组接成共阴极，另一组接成共阳极，这种整流电路不再需要变压器中点。

三相桥式整流电路如图4-1-5所示。VD_1、VD_3、VD_5共阴极三相半波整流，VD_2、VD_4、VD_6共阴极三相半波整流。

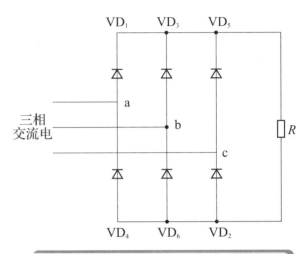

图4-1-5 三相桥式整流电路

三相桥式整流电路工作时，共阴极的三个二极管中，阳极交流电压最高的二极管优先导通，而另外两个二极管因承受反压处于关断状态；同理，共阳极的三个二极管中，阴极交流电压最低的二极管优先导通，而另外两个二极管因承受反压处于关断状态。即在电路工作过程中，共阴极组和共阳极组中各有一个二极管处于导通状态，其工作波形如图4-1-6所示。

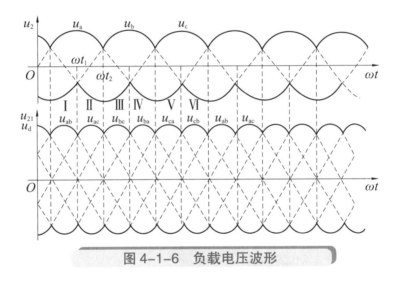

图4-1-6 负载电压波形

在单相桥式整流电路中，每个二极管承受电流电源的相电压幅值，而在三相桥式整流电路中，每个二极管要承受交流电源线电压的幅值，因此三相桥式整流电路中的二极管需要选用更高的耐压值。

4.1.5 PWM 整流电路

PWM整流电路由全控性功率开关器件构成，采用脉冲宽度调制，简称PWM控制方式。PWM整流电路也不是传统意义上的AC-DC变换器，而是一种能够实现电能双向变换的电路。当PWM整流电路从电网接收电能时，工作于整流状态；当PWM整流电路向电网反馈电能时，则工作于有源逆变状态。根据不同的分类，PWM 整流电路有不同的类型。按电路的拓扑结构和外特性，PWM 整流电路可分为电压型和电流型，两者的区别在于直流侧滤波形式的不同，电压型整流电路采用大电容，电流型整流电路则采用大电感。电压型 PWM 整流电路更为广泛。

4.1.6 单相电压型 PWM 整流电路

单相电压型 PWM 整流电路最初应用于电力机车交流传动系统中，为牵引变流器提供直流电源。单相电压型 PWM 整流电路如图 4-1-7 所示，每个桥臂由一个全控器件和反并联的整流二极管组成。

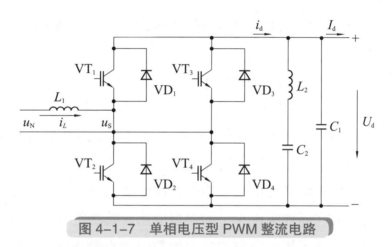

图 4-1-7 单相电压型 PWM 整流电路

4.1.7 三相电压型 PWM 整流电路

三相电压型 PWM 整流电路（图 4-1-8）具有更快的响应速度和更好的输入电流波形。稳态工作时，输出电流电压不变，开关器件按正弦规律脉宽调制，整流器交流侧的输出电压与逆变器相同。忽略整流电路输出交流电压的谐波，变换器可以看作可控正弦三相电压源，它和正弦的电源高电压共同作用于输入电感，产生正弦电流波形。适当控制整流电路输出电压的幅值和相位，就可以获得所需大小和相位的输入电流。

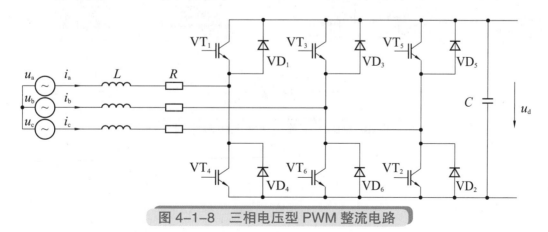

图 4-1-8 三相电压型 PWM 整流电路

三相电流型 PWM 整流电路如图 4-1-9 所示。L_d 为整流侧大电感，用于稳定输出电流使输出特性为电流源特性，利用正弦调制方式控制直流电流在各开关器件上的分配，使交流电流波形接近正弦波，且和电源电压同相位，交流侧电容的作用是滤除与开关频率相关的高次谐波。

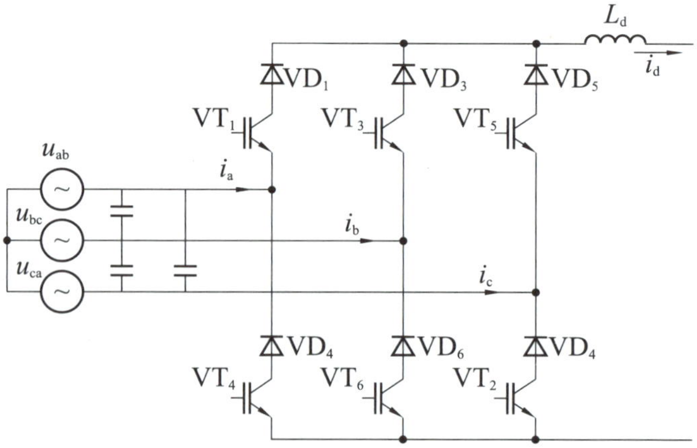

电流型整流电路的优点有：

1）由于输出电感的作用，短路时电流的上升速度受到限制；

2）开关器件直接对直流电流进行脉宽调制，所以输入电流控制简单，控制速度快。

但有以下缺点：

1）直流侧电感的体积、质量和功耗较大；

2）常用的全控器件都是双向导通的，使主电路通态损耗较大。

PWM 整流电路改善了传统晶闸管相控整流电路中交流侧谐波电流较大、深度相控时功率因数较低的缺点。PWM 整流电路采用全控器件，可以实现理想化的交直流变换，具有输出直流电压可调，交流侧电流波形为正弦、功率因数可调、可双向变换等优点。

车载充电机是整流电路在新能源汽车上的典型应用，其功能是将电网单相交流电变换为直流电给动力蓄电池充电。为了提高电路的功率因数，减小设备体积，达到比较理想的输出效果，一般是整流电路和其他结构的电路形式相结合，完成电能变换。车载充电机的电路结构如图 4-1-10 所示。

图 4-1-9 三相电流型 PWM 整流电路

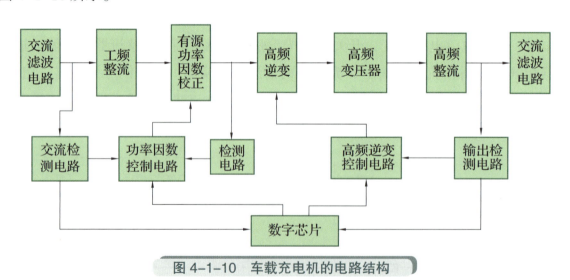

图 4-1-10 车载充电机的电路结构

 拓展知识

1. 电力电子器件

电力电子器件又称功率开关器件，有多种分类方法。按照功率或者电压、电流等级，可分为小功率器件和大功率器件；按照器件的结构和工作机理，可分为双极型器件、单极型器件和混合型器件；按照可控程度，可分为不可控器件、半控型器件和全控型器件。不可控器件包括整流二极管、快恢复二极管、肖特基二极管等；半可控器件包括晶闸管、双向晶闸管等；全控型器件包括功率晶体管、功率场效应管、绝缘栅双极型晶体管、集成门极换流晶闸管等。

2. 电力电子器件的工作状态

电力电子器件主要用于电力电子装置中，通常工作在饱和导通与截止两种工作状态。器件在饱和导通时，其导通压降很小；而在截止时，其漏电流又可以忽略不计。因此，饱和导通和截止两种工作状态又可以称为开通与关断状态或者开、关状态。但是电力电子器件的开关转换状态并不是瞬时完成的（所需时间为开关时间），而是要经过一个转换过程（称为开关过程）。在这个转换过程中，开关元件会进入放大区工作，使开关过程中的功率损耗（称为开关损耗）增加。因此，应尽量减小器件开关过程的时间或者采用软开关技术降低器件的开关损耗。

3. 电力电子器件的性能特点

从使用角度来说，主要从以下三个方面来衡量电力半导体器件的性能特点。

1）导通压降。电力电子器件工作在饱和导通状态时，会有一定的导通损耗，损耗与器件的导通压降成正比，所以应尽量选择低导通压降的电力电子器件。

2）开关频率。电力电子器件的开关频率除与器件的最小开、关时间有关外，还受到开关损耗和数字控制器运算速度的限制，器件的开关时间越短，开关损耗越低，其开关频率则越高。

3）器件容量。器件容量包括输出功率、电压及电流等级、功率损耗等参数。对于功率场效应管来说，随着其功率等级的增加，导通时的电阻增加，导致其通态损耗增加，所以其基本应用在中、小功率等级的高频电力电子装置中。

此外，控制功率、可串并联运行的难易程度及价格也是选择电力电子器件时应考虑的因素。

学习任务2 认知DC-DC变换电路

学习目标

1）能描述 DC-DC 变换器概述。
2）能描述 DC-DC 变换器的工作原理。
3）能描述 DC-DC 降压斩波电路。
4）能描述 DC-DC 升压斩波电路。

4.2.1 DC-DC 变换器概述

DC-DC 变换器（图 4-2-1）也称直流斩波器，是一种将电压恒定的直流电变换为电压可调的直流电的电力电子变流装置。用 DC-DC 变换器实现直流变换的基本思想是：通过对功率开关器件的导通、关断控制，把恒定的直流电压或电流斩切成一系列的脉冲电压或电流，在一定滤波的条件下，在负载上可以获得平均值小于或大于电源的电压或电流。

图 4-2-1 DC-DC 变换器

4.2.2 DC-DC 变换器的工作原理

最基本的直流斩波电路如图 4-2-2（a）所示，图中 S 是可控开关，R 为纯电阻负载。当 S 闭合时，输出电压为 E；当 S 关断时，输出电压为 0，输出波形如图 4-2-2（b）所示。

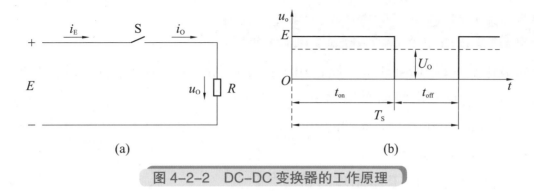

图 4-2-2 DC-DC 变换器的工作原理

假设开关 S 通断的周期不变，将 S 的导通时间与开关周期之比定义为占空比，用 D 表示。占空比的改变可以通过改导通时间或关断时间来实现。通常直流斩波电路的控制方式主要有以下三种。

1）脉冲频率调制控制方式：在这种控制方式中，由于输出电压波形的周期或频率是变化的，输出谐波的频率也是变化的，从而使滤波器的设计比较困难，输出波形谐波干扰严重，一般很少采用。

2）脉冲宽度调制控制方式：在这种控制方式中，由于输出电压波形的周期或频率是不变的，输出谐波的频率也是不变的，从而使滤波器的设计变得较为容易，并得到普遍应用。

3）调频调宽混合控制方式：可以大大提高输出的范围，但由于频率是变化的，也存在设计滤波器较难的问题。

4.2.3 DC-DC 降压斩波电路

降压斩波电路又称 Buck 斩波电路，其特点是输出电压比输入电压低，而输出电流高于输入电流。也就是说，通过该电路的变换可以将直流电源电压转换为低于其值的输出直流电压，并实现电能的转换。

降压斩波电路的拓扑结构如图 4-2-3（a）所示。图中 S 是开关器件，可根据应用需要选取不同的电力电子器件，如 IGBT、功率场效应管、GTR 等。L、C 为滤波电感和电容，组成低通滤波器，R 为负载，VD 为续流二极管。当 S 断开时，VD 提供续流通路。E 为输入直流电压。当选用 IGBT 作为开关器件时，降压斩波电路如图 4-2-3（b）所示。

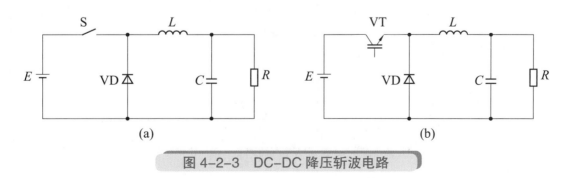

图 4-2-3 DC-DC 降压斩波电路

4.2.4 DC-DC 升压斩波电路

升压斩波电路又称 Boost 斩波电路，用于将直流电源电压变换为高于其值的直流输出电压，实现能量从低压侧电源向高压侧负载的传递。采用 IGBT 作为开关器件的电路拓扑结构如图 4-2-4 所示。

分析升压斩波电路的工作原理时，应假设电路中的电感 L 很大，电容 C 也很大。当 VT 导通时，电源 E 向电感 L 充电，充电电流基本恒定，同时电容 C 上的电压向负载 R 供电，因 C 值很大，因此能基本保持输出电压为恒定值。升压斩波电路能使输出电压高于电源电压，关键有两个原因：一是电感 L 储能之后具有使电压泵升的作用；二是电容 C 可将输出电压保持住。在上面的分析中，VT 处于导通时，电容 C 的作用使输出电压久保持不变，但实际上 C 值不可能无穷大，在此阶段电容 C 向负载放电，U 会有所下降，实际输出电压会略低于理论计算结果，不过在电容 C 值足够大时，产生的误差很小，基本可以忽略。

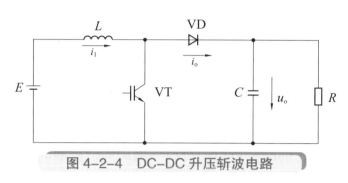

图 4-2-4 DC-DC 升压斩波电路

4.2.5 升降压斩波电路

升降压斩波电路又称 Buck-Boost 斩波电路，是一种既可以升压又可以降压的变换电路。用 IGBT 作为开关器件的电路拓扑结构如图 4-2-5 所示。电路中的电感 L 很大，电容 C 也很大，从而使电感电流和电容电压即输出电压基本保持恒定。

升降压斩波电路的工作原理是：当 VT 导通时，电源经 VT 向电感 L 供电使其储存能量；同时电容 C 维持输出电压基本恒定并向负载 L 供电。当 VT 关断时，电感 L 中储存的能量向负载释放。通过电路图分析可知，负载电压极性为下正上负，与电源电压极性相反，与前述的降压斩波电路和升压斩波电路的输出电压极性相反，因此该电路称为反极性斩波电路。

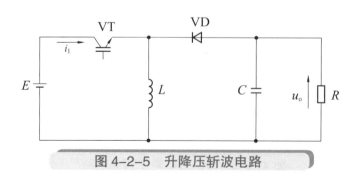

图 4-2-5 升降压斩波电路

4.2.6 DC-DC变换器的应用

直流驱动电机功率小于5kW的纯电动汽车（观光车、巡逻车、清扫车等）的动力电池组直接通过DC-DC变换器，为小型电动车辆的直流电机提供直流电流，如图4-2-6所示。

图4-2-6 DC-DC变换器的应用

在纯电动汽车、"电－电"耦合电力汽车（自行发电电动汽车、燃料电池汽车）中，在能量混合型电力系统中，采用升压型DC-DC变换器；在功率混合型电力系统中，采用双向升降压型DC-DC变换器或全桥型DC-DC变换器。车辆在滑行或下坡制动时，驱动电机发电运行产生的电能也通过双向升降压型DC-DC变换器向储能电源充电。电动汽车上的动力电池组向附属设备及低压蓄电池充电时，采用隔离式降压型DC-DC变换器。

拓展知识

1. 电力电子器件过电压的产生及过电压保护

电力电子装置可能出现的过电压主要包括外因过电压和内因过电压。外因过电压主要来自雷击和系统中的操作过程（如分闸、合闸等），而内因过电压主要来自电力电子装置内部器件的开关过程。

（1）换相过电压

由于晶闸管或与全控型器件反并联的二极管在换相结束后不能立刻恢复阻断，有较大的反向电流流过，当恢复阻断能力时，该反向电流急剧减小，会由线路电感在器件两端感应出过电压。

（2）关断过电压

全控型器件关断时正向电流迅速降低，而由线路电感在器件两端感应出过电压。各电力电子装置可视具体情况只采用其中的几种。其中主电路和整流式阻容保护为抑制内因过电压的措施，其功能已属缓冲电路的范畴。在抑制外因过电压的措施中，采用RC过电压抑制电路最为常见。

RC过电压抑制电路可接于供电变压器的两侧（供电网一侧称为网侧，电力电子电路一侧称为阀侧），或电力电子电路的直流侧。对于大容量的电力电子装置，可采用反向阻断式RC电路。有关保护电路的参数计算可参考相关工程手册。采用雪崩二极管、金属氧化物压敏电阻、硒堆和转折二极管等非线性元器件限制或吸收过电压也是较常用的措施。虽然硒堆较阻容体积大、成本高，但它有较大的吸收过电压的能力，因此较广泛地用于容量较大的电路。金属氧化物压敏电阻的体积小，伏安特性很陡，对于浪涌过电压抑制能力很强，反应也快，是一种比较好的过电压保护元器件，可以取代硒堆。

2. 电力电子器件过电流保护

电力电子电路运行不正常或者发生故障时，可能会产生过电流。过电流分为过载和短路两种情况。快速熔断器、直流快速断路器和过电流继电器是较为常用的过电流保护措施。电力电子装置一般同时采用几种过电流保护措施，以提高保护的可靠性和合理性。在选择保护措施时，应注意相互协调。通常以电子电路作为第一保护措施，快速熔断器仅作为短路时部分区段的保护，直流快速断路器整定在电子电路动作之后实现保护，过电流继电器整定在过载时动作。采用快速熔断器（简称快熔）是电力电子装置中最有效、应用最广的一种过电流保护措施。在选择快速熔断器时应考虑如下几个方面。

1）电压等级根据熔断后快熔实际承受的电压确定。

2）电流容量按其在主电路中的接入方式和主电路连接形式确定。快速熔断器一般与电力半导体器件串联，在小容量装置中也可串接于阀侧交流母线或直流母线中。

3）快速熔断器的I^2t值应小于被保护器件的允许I^2t值。

4）为保证熔体在正常过载情况下不熔化，应考虑其时间电流特性。

快速熔断器对器件的保护方式可分为全保护和短路保护两种。全保护是指不论过载还是短路，均由快熔进行保护，此方式只适用于小功率装置或器件使用裕度较大的场合。短路保护是指快熔只在短路电流较大的区域起保护作用，此方式需与其他过电流保护措施配合使用。快熔电流容量的具体选择方法可参考相关的工程手册。

对重要且易发生短路的晶闸管设备，或者工作频率较高、难以快熔保护的全控型器件，需采用电子电路进行过电流保护。除了对电机起动的冲击电流等变化较慢的过电流可以利用控制系统本身的调节器对电流的限制作用之外，还需指定专门的过电流保护电子电路，该电路能够在检测到过电流之后直接调节或触发驱动电路，或者关断被保护器件。此外，也常在全控型器件的驱动电路中设置过电流保护环节，其对器件过电流的响应是最快的。

学习任务3 认知DC-AC变换电路

学习目标

1）能描述DC-AC变换器概述。
2）能描述电压型DC-AC变换器。
3）能描述电流型DC-AC变换器。
4）能描述三相电流型逆变电路。

4.3.1 DC-AC变换器概述

DC-AC变换器（图4-3-1）又称逆变器，是应用电力电子器件将直流电转换成交流电的一种变流装置，供交流负载用电或向交流电网并网发电。随着石油、煤炭和天然气等传统能源的日益减少，新能源的开发和利用越来越受到重视，逆变器有了更广泛的应用。逆变技术可以将蓄电池、太阳能电池和燃料电池等通过新能源技术获得的电能变换成交流电以满足对电能的需求，因此逆变技术对于新能源的开发和利用起着重要的作用。

图4-3-1 DC-AC变换器

4.3.2 电压型 DC-AC 变换器

三相电压型 DC-AC 变换器的电路结构如图 4-3-2 所示，在直流电源电路上并联电容器，直流侧电压基本无脉动；逆变器采用六个功率开关器件 $VT_1 \sim VT_6$ 和六个分别与其反并联的续流二极管 $VD_1 \sim VD_6$ 共同构成的 IGBT 功率模块，也可以使用其他全控器件。这种结构每相输出两种电平，因此也称为两电平逆变电路。

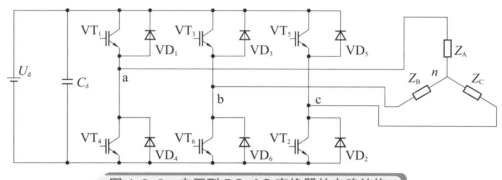

图 4-3-2 电压型 DC-AC 变换器的电路结构

从电路结构上看，如果把三相负载作为三相整流电路变压器的三个绕组，那么三相桥式逆变电路即为三相桥式可控整流电路与三相桥式不可控整流电路的反并联。其中，可控电路用来实现直流到交流的逆变功能，不可控电路为感性负载电流提供续流回路，完成电流续流或能量反馈，因此二极管 $VD_1 \sim VD_6$ 称为续流二极管或反馈二极管。这种三相桥式逆变电路在交流电机变频调速系统中得到了广泛的应用。

三相桥式逆变电路开关器件的导通次序和整流电路一样，也是各器件的驱动信号依次互差 60°。根据各器件导通时间的长短，分为 180° 导通型和 120° 导通型两种。对于瞬时完成换流的理想情况，180° 导通型的逆变电路在任意时刻都有三只管子导通，每个开关周期内各管导通的角度为 180°。同相上下两桥臂中的两只管子称为互补管，它们轮流导通，如 A 相中的 VT_1 和 VT_4 各导通 180°，同时相位也差 180°，不会因 VT_1 和 VT4 同时导通而引起电源短路。因此 180° 型三相桥式逆变电路导通间隔 60°，各管的导通情况依次是 VT_1、VT_2、VT_3、VT_2、VT_3、VT_4、VT_3、VT_4、VT_5，如此反复。在 120° 导通型逆变电路中，各管导通 120° 任意时刻有两只不同相的管子导通，同一桥臂中的两只管子不是互补导通，而是有 60° 的时间间隔，所以逆变电路的各管导通间隔 60°，按 VT_1、VT_2、VT_2、VT_3、VT_3、VT_4 的顺序导通。当某相中没有管子导通时，该相的感性电流经续流二极管导通。

4.3.3 电流型 DC-AC 变换器

三相电流型 DC-AC 变换器的电路结构如图 4-3-3 所示，在电流电源侧串联有大电感，电流基本无脉动，相当于电流源；大电感能起到缓冲无功能量的作用，则不必给开关器件反并联功率二极管。

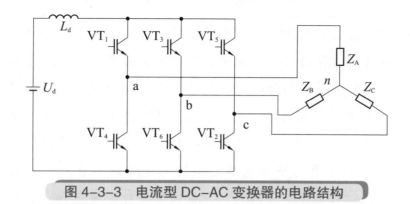

图 4-3-3 电流型 DC-AC 变换器的电路结构

4.3.4 三相电流型逆变电路

在输入直流电流的每个周期中，按照一定的规律控制开关器件的导通与关断，其基本的工作方式是 120° 导通方式，每个桥臂在一个周期内导通 120°，每个时刻上下桥臂组中各有一个桥臂导通，换流方式为横向换流。各开关器件通断规律如表 4-3-1 所示。

表 4-3-1 各开关器件通断规律

工作状态	各状态下导通的开关器件					
状态 1	VT_6	VT_1	—	—	—	—
状态 2	—	VT_1	VT_2	—	—	—
状态 3	—	—	VT_2	VT_3	—	—
状态 4	—	—	—	VT_3	VT_4	—
状态 5	—	—	—	—	VT_4	—
状态 6	VT_6	—	—	—	—	VT_5

在新能源汽车上装配有多种采用交流电机驱动的辅助设备，如空压机、空调系统的压缩机，转向助力器等，它们的电源是动力蓄电池或燃料电池组。需要小型的 DC-AC 逆变换器将直流电转换为交流电后，驱动辅助设备的电机运行。目前，新能源汽车驱动电机广泛采用交流电机，其电机控制器用功率变换电路采用三相两电平电压型逆变器实现电能变换。

拓展知识

1. 电力半导体器件的驱动电路

电力半导体器件的驱动电路是电力电子电路与控制电路之间的接口，也是电力电子装置的重要环节，对整个装置的性能有很大的影响。性能良好的驱动电路可使电力电子器件工作在较理想的工作状态，缩短开关时间，减小开关损耗，对于整个装置的运行效率、可靠性和安全性都有重要意义。此外，电力电子器件或整个装置的一些保护设备也往往就近设在驱动电路中，或者通过驱动电路来实现，因而使驱动电路的设计更为重要。

简单地说，驱动电路的基本功能就是将信息电子电路传来的信号按照其控制目标的要求，转换为加在电力电子器件控制端和公共端之间可以使其开通或关断的信号。对于半控型器件，只需提供开通控制信号，以保证器件按要求可靠地导通或关断。

驱动电路还要提供控制电路与主电路之间的电气隔离环节，一般采用光隔离或磁隔离。光隔离一般采用光耦合器；磁隔离的元器件通常是脉冲变压器，当脉冲较宽时，应采取措施避免铁芯饱和。

按照驱动电路加在电力电子器件控制端和公共端之间信号的性质，可以将电力电子器件分为电流驱动型和电压驱动型两类。晶闸管虽然属于电流驱动型器件，但它是半控型器件，因此下面将单独讨论其驱动电路，晶闸管的驱动电路常称为触发电路。

值得说明的是，驱动电路的具体形式可为分立元器件构成的驱动电路或集成式，但目前的趋势是采用专用集成驱动电路，包括双列直插式集成电路及将光耦隔离电路也集成在内的混合集成电路。为了达到各参数的最佳配合，应首选生产厂家专门为所用器件开发的集成驱动电路。

2. 晶闸管的触发电路

晶闸管触发电路的作用是产生符合要求的门极触发脉冲，保证晶闸管在需要的时刻由阻断转为导通。晶闸管触发电路往往包括对其触发时刻进行控制的相位控制电路。触发电路一般由同步电路、移相控制、脉冲形成和脉冲功率放大四部分组成。

为了保证晶闸管的可靠触发，对晶闸管触发电路有一定要求，概括起来有如下几点。

1）触发脉冲的宽度应保证晶闸管可靠导通，对感性和反电动势负载的变流器应采用宽脉冲或脉冲列触发，对变流器起动、双星形带平衡电抗器电路的触发脉冲应宽30°，三相全控桥式电路应采用宽于60°或采用相隔60°的双窄脉冲。

2）触发脉冲应有足够的幅度，对于户外寒冷场合，脉冲电流的幅度应增大为器件最大触发电流的3~5倍，脉冲前沿的陡度也需增加，一般需达1~2A/s。

3）所提供的触发脉冲应不超过晶闸管门极的电压、电流和功率定额，且在门极伏安特性的可靠触发区域之内。

4）应有良好的抗干扰性能、温度稳定性及与主电路的电气隔离。

3. 电流驱动型器件的驱动电路

可关断晶闸管（Gate Turn-off Thyristor，GTO）和功率晶体管是电流驱动型器件。可关断晶闸管的开通控制与普通晶闸管类似，但对触发前沿的幅值和陡度要求较高，且一般需要在整个导通期间施加正门极电流。要使可关断晶闸管关断，则需施加负门极电流，对其幅值和陡度的要求更高，幅值需达阳极电流的1/3左右，陡度需达50A/s。可关断晶闸管一般用于大容量电路场合，其驱动电路通常包括开通驱动电路、关断驱动电路和门极反偏电路三部分，可分为脉冲变压器耦合式和直接耦合式两种类型。直接耦合式驱动电路可避免电路内部的相互干扰和寄生振荡，可得到较陡的脉冲前沿，因此目前应用较广，但其功耗大，效率较低。图 4-3-4 所示为典型的直接耦合式可关断晶闸管驱动电路。

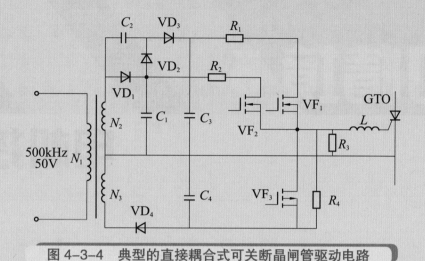

图 4-3-4　典型的直接耦合式可关断晶闸管驱动电路

学习情境 5

电机控制器

学习任务 1　认知电机控制器

学习目标

1）能描述电机控制器概述。
2）能描述吉利帝豪EV450电机控制器概述。
3）能描述吉利帝豪EV450电机控制器结构。
4）能描述吉利帝豪EV450电机控制器功能。

5.1.1　电机控制器概述

电机控制器是电动汽车的核心系统之一,是车辆行驶的主要驱动系统,其特性决定了车辆的主要性能指标,直接影响车辆的动力性、经济性和用户驾乘感受。以下介绍电机控制器的主要部件结构和检测技术。

1. 驱动电机管理模块

驱动电机管理模块（Machine Control Unit，MCU）主要用于管理和控制驱动电机的运转速度、方向，以及将驱动电机作为逆变电机发电。MCU 的功能类似于传统汽车的发动机控制模块。

目前使用在纯电动汽车上的驱动电机管理模块主要有两种类型：一种是仅用于控制驱动电机的，即 MCU；另一种是具有集成控制功能的驱动电机管理模块，即 MCU 与 DC-DC 转换器功能，这类驱动电机管理模块也被称为电力控制单元（Power Control Unit，PCU）（图 5-1-1）。

图 5-1-1　PCU 驱动电机管理模块

DC-DC 转换器是直流-直流的电压变换器，用于将动力电池或逆变器产生的电能转换成 12V 低压电能，给 12V 蓄电池充电和给车身电气设备供电。

将 MCU 与 DC-DC 转换器集成化是目前纯电动汽车与混合动力汽车驱动电机管理模块发展的一个趋势，集成度更高的系统既节省了成本，又利于系统之间信息的共享与车辆部件位置的布置设计。

2. 逆变器

为了提高电机驱动系统的效率，混合动力电动汽车主要采用交流电机驱动。为了驱动交流电机，从直流获得交流电力的电力转换装置就被称为逆变器。

（1）构成

图 5-1-2 所示为丰田普锐斯内置逆变器之后的车载用动力控制单元。

图 5-1-2　丰田普锐斯车载用动力控制单元

动力控制单元由内置了动力装置元器件的 IPM、M/GECU（Motor/Generator Electric Control Unit）、电容器、电抗器、冷却系统、电流传感器等构成，如图 5-1-3 所示。

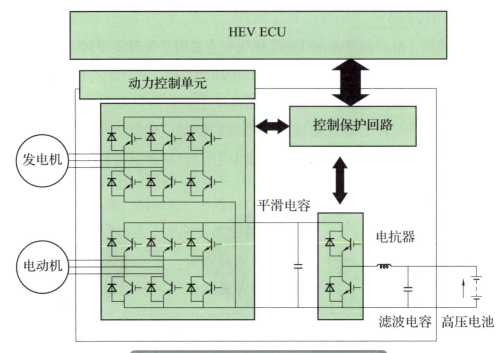

图 5-1-3 动力控制单元的组成

(2) 控制

新能源汽车采用的驱动电机要求在停止及低速区域输出大转矩,在最高车速区域实现大功率输出等。现在主流电机为永磁交流同步电机,其通过弱磁场控制,可以实现大范围的转速区域输出。

逆变器大多采用的是电压输出式,PWM方式的矩形波输出电压的脉冲幅度定期变化。频率在数千赫兹以上的高频进行转换,将直流电压转换成交流电压。

影响电机输出的电压成分取决于基波分量,因此为了加大该基波,采用使逆变器输出电压波形变形增大电压基波分量的方法。在此,所谓的调制度是指逆变器电源电压与输出电压基波分量的比。电压波形可划分为正弦波PWM、过调制PWM和矩形波三种。表5-1-1所示的为各自的适用区域。

表 5-1-1 电压波形与调制度

类型	正弦波 PWM	过调制 PWM	矩形波（1脉冲）
电压波形	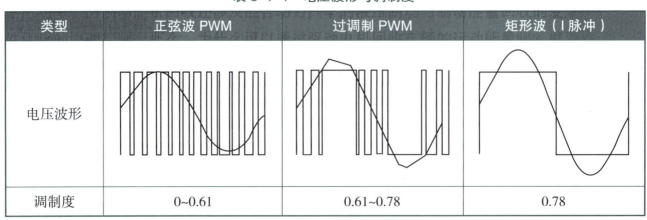		
调制度	0~0.61	0.61~0.78	0.78

（3）内部元件

车辆驱动用逆变器由于在高频下进行转换，功率半导体元器件要求转换高速化。另外，为了应对大功率输出，也要求高电压。因此大多采用 IGBT，兼具场效应管构造的电压驱动特性与双极晶体管的强电力特性。

（4）冷却器

逆变器的主要发热部分是功率半导体元器件 IGBT 和 FRD（Fast Recovery Diode），需要对其进行高效率的冷却。冷却方式有风冷与水冷两种。大功率逆变器一般采用水冷方式。图 5-1-4 所示为动力模块剖面。功率半导体元器件的冷却借助动力模块内部绝缘印制电路板以及散热板，通过冷却器冷却。因此，降低热阻与提高冷却器能力至关重要。

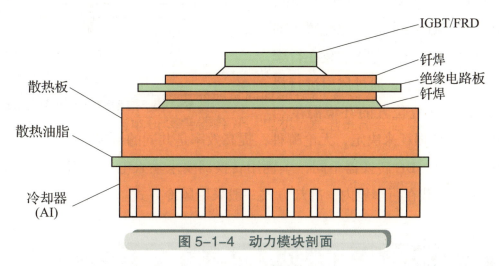

图 5-1-4　动力模块剖面

为了提高散热能力，新的技术中不使用散热润滑剂，而是采用将功率半导体元器件直接安装在冷却器上的直接冷却构造与双面冷却方式。

直接冷却构造中，线性膨胀系数较高的冷却器的热应力直接作用于绝缘电路板，因此，如何确保热收缩的长期可靠性是一项重要的技术。

（5）电容器

主电路电容器有平滑电容器和滤波电容器，前者用于平滑电机控制用电压，而后者主要用于高/电池的脉动平稳化。这些电容器由于具有等效串联电阻低、耐压能力强、寿命期限长、耐温特性良好等优点，采用薄膜电容器的情况有所增加，电容器元器件中，通过采用薄聚丙烯膜，可以实现电容器装置的小型化。单位体积的静电容量与薄膜厚度的二次方大致成正比，因此，薄膜化对于实现小型、轻量化来说是最为有效的手段。另外，可以通过开发各种蒸镀方式，以最佳形式来应对较大的脉动和实现高安全性（自我保障功能）。

3. DC-DC 转换器

混合动力电动汽车、电动汽车配置两种电池，一种是作为行驶用电机电源的高电压主机电池（动力电池），另一种是作为车辆附件类及电子控制单元电源的 12V 辅助电池。

图 5-1-5 所示为混合动力系统组成示意图。电动汽车无法利用发动机的动力进行发电，因此一般搭载 DC-DC 转换器，进行主机电池向辅助电池的降压式直流 – 直流电力转换。电动汽车可以通过交流发电机发电，但是混合动力系统为了改善油耗，要反复进行怠速停机与起动发动机，因此一般采用可以输出稳定电压、可高效率完成电力转换的 DC-DC 转换器。

另外，在 DC-DC 转换器的冷却方式中，有的在发动机舱内与逆变器整体化配置，通过冷却系统进行水冷冷却；有的搭载在行李舱内主机电池的电池盒上，通过风扇进行风冷。冷却方式根据配置位置的环境温度与 DC-DC 转换器自身的损耗来决定，无论哪种，提高效率是共同的目标。

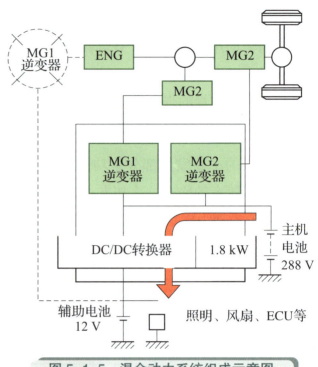

图 5-1-5 混合动力系统组成示意图

与一般使用的 DC-DC 转换器不同，车辆用转换器要求输入电压范围广泛、温度范围广泛等。另外，由于搭载在行李舱内，冷却方式一般采用风冷方式。

5.1.2 吉利帝豪 EV450 电机控制器概述

电机控制器安装在前舱内，采用控制器局域网（Controller Area Network，CAN）通信控制，控制着动力电池组到电机之间能量的传输，同时采集电机位置信号和三相电流检测信号，精确地控制驱动电机运行，如图 5-1-6 所示。

电机控制器是一个既能将动力电池中的直流电转换为交流电以驱动电机，又能将车轮旋转的动能转换为电能（交流电转换为直流电）给动力电池充电的设备。减速阶段，电机作为发电机应用。它可以完成由车轮旋转的动能到电能的转换，给电池充电。DC-DC 集成在电机控制器内部，其功能是将电池的高压电转换成低压电，提供整车低压系统供电，如图 5-1-7 所示。

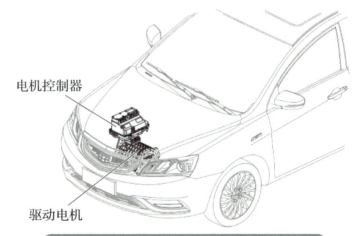

图 5-1-6 吉利帝豪 EV450 电机控制器

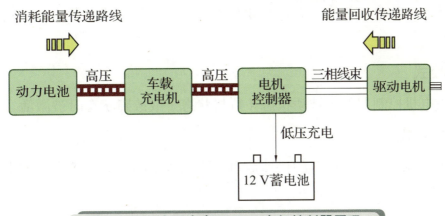

图 5-1-7 吉利帝豪 EV450 电机控制器原理

IGBT 是复合全控型电压驱动式压开关,用于实现电机电路的非通即断。该开关是一种功率半导体器件,由绝缘栅型场效应管和双极型三极管组成,具有输入阻抗高、工作速度快、通态电压低、阻断电压高、承受电流大等优点。

5.1.3 吉利帝豪 EV450 电机控制器结构

如图 5-1-8 所示,电机控制器内部包含一个 DC-AC 逆变器和一个 DC-DC 直流转换器,逆变器由 IGBT、直流母线电容、驱动和控制电路板等组成,实现直流(可变的电压、电流)与交流(可变的电压、电流、频率)之间的转变。直流转换器由高低压功率器件、变压器、电感、驱动和控制电路板等组成,实现直流高压向直流低压的能量传递。电机控制器还包含冷却器(通冷却液)给电子功率器件散热。

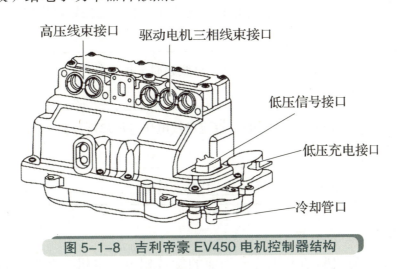

图 5-1-8 吉利帝豪 EV450 电机控制器结构

5.1.4 吉利帝豪 EV450 电机控制器功能

(1)转矩控制模式

电机控制系统控制电机轴向四象限的转矩。由于没有转矩传感器,转矩指令(由整车控制器发送）被转换成为电流指令，并进行闭环控制。转矩控制模式只有在获得正确的初始偏移角度时才能进行。

（2）静态模式

静态模式在电机控制器处于被动状态（待机状态）或故障状态时被激活。

（3）主动放电模式

主动放电用于高压直流端电容的快速放电。主动放电指令来自整车控制器的指令或由电机控制器内部故障触发。

（4）DC-DC 直流转换

电机控制器中的 DC-DC 转换器将高压直流端的高压转换成指定的直流低压（12V 低压系统），低压设定值来自整车控制器指令。

（5）系统诊断功能

当故障发生时，软件根据故障级别使电机控制器进入安全状态或限制状态。安全状态包括主动短路或 Freewheel 模式，限制状态包括四个级别的功率 / 转矩输出限制。电机控制器软件中提供基于 ISO—14229 标准的诊断通信功能，如表 5-1-2 所示。

表 5-1-2 系统诊断功能

诊断项目	诊断内容
传感器诊断	电流传感器、电压传感器、温度传感器、位置传感器等故障诊断
电机诊断	电流调节故障、电机性能检查、主动短路或空转条件不满足、转子偏移角诊断等
CAN 通信诊断	包括 CAN 内存检测，总线超时，报文长度、Checksum 校验，收发计数器的诊断
硬件安全关诊断	相电流过流诊断、直流母线电压过压诊断、高 / 低压供电故障诊断、处理器监控等
DC-DC 诊断	DC-DC 传感器以及工作状态诊断

（6）旋转变压器

旋变信号的作用是反映驱动电机转子当前的旋转相位，电机控制器通过旋变信号计算当前驱动电机的转速。吉利帝豪 EV450 的旋转变压器采用磁阻式旋转变压器，旋变转子与驱动电机转子同轴连接，随电机转轴旋转。旋变定子内侧有感应线圈，安装在驱动电机定子上。驱动电机旋转时，带动旋变转子旋转。旋变器与电机控制器中间通过六根低压线束连接，两根是电机控制器激励信号，另外四根分别是旋变器输出的正弦信号和余弦信号。六根线当中任何一根线路出现故障，都会导致驱动电机无法正常工作，如图 5-1-9 所示。

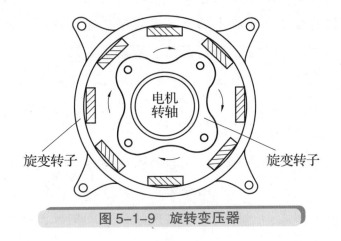

图 5-1-9　旋转变压器

（7）PWM 信号

由软件来控制 IGBT 的通断，使其输出端得到一系列幅值相等而宽度不相等的脉冲，可用这些脉冲来代替交流正弦波形。再按照一定的规则对各脉冲的宽度进行实时调制，就可改变逆变电路输出电压的大小，也可改变输出频率。这样就可使其输出所需要的 PWM 信号，实现对驱动电机的电压或频率的调整，如图 5-1-10 所示。

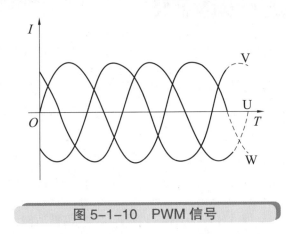

图 5-1-10　PWM 信号

（8）驱动电机温度控制

驱动电机定子上设置有两组温度传感器，其采用负温度系数的电阻（温度越高，电阻越低），通过传感器电阻的变化，电机控制器可实时监控驱动电机的温度，防止电机温度过高。

拓展知识

1. 母排与叠层母排简介

母排是供电传输系统中导电材料的名称，即电柜中总控制开关与各分路电路中开关的连接铜排或铝排。其表面做了绝缘处理，主要起到导线的作用。叠层母排又称复合母排、层叠母排、层叠母线排或复合铜排，是一种多层复合结构的连接排，被称为配电系统的高速公路。与传统、笨重、费时和烦琐的配线方法相比，复合母线排可以提供现代的、易于设计、安装快速和结构清晰的配电系统，是具有可重复电气性能、低阻抗、抗干扰、可靠性好、节省空间、装配简洁快捷等特点的大功率模块化连接结构部件。复合母排广泛应用在电力及混合牵引、电力牵引设备、蜂窝通信、基站、电话交换系统、大型网络设备、大中型计算机、电力开关系统、焊接系统、军事设备系统、发电系统、电动设备的功率转换模块中。

2. 车载叠层母排与传统母排的比较

在主电路中，由于开关器件、直流侧电容的寄生电感等一般无法改变，抑制开关电压尖峰的最根本措施就是降低主回路母线的分布电感。作为直流侧支撑电容与开关器件的电气连接，母排一般有两种形式：一种是平行排列的铜条或铜板，即传统母排；另一种是叠层母排。表5-1-3所示为传统母排与叠层母排的比较。

表5-1-3 传统母排与叠层母排的比较

名称	传统母排	叠层母排
外观		
可安装性	需多次安装操作，容易出错	一次性安装，出错率低
总体成本	设备尺寸一般较大，结构紧凑性不好，整体成本高	结构紧凑，有利于减小设备整体尺寸，整体成本低
电感性能	杂散电感值大	叠层结构紧密，杂散电感小
电容性能	电容设计无法优化	可通过改变叠层材料优化电容量
使用寿命	铜基裸露，一般3年左右	包裹结构，一般达10年左右

传统母排虽然制作简单、易实现，对于电压尖峰有一定的抑制效果，但互感依然强烈，仅仅适用于功率较大但性能要求很低的场合。叠层母排的优势在于将连接线做成了扁平的截面，在同样的电流截面下增大了导电层的表面积，同时导电层之间的间隔也大幅度降低。由于邻近效应使相邻导电层流过相反的电流，它们产生的磁场相互抵消，从而使线路的分布电感大幅度降低。另外，由于其扁平的外形特征，其散热面积也大幅增加，有利于载流量的提升。

学习任务 2 电机控制器性能检测

学习目标

1) 能描述电机控制器保险丝的检查方法。
2) 能描述电机控制器低压电源电压的检查方法。
3) 能描述电机控制器接地电阻的检查方法。
4) 能描述分线盒线束的检查方法。

5.2.1 检查电机控制器保险丝 EF18、EF31 和蓄电池正极柱头保险丝是否熔断

1) 操作起动开关，使电源模式至 OFF 状态。
2) 拔下保险丝 EF31，检查保险丝是否熔断（保险丝额定容量：10A）。
3) 拔下保险丝 EF18，检查保险丝是否熔断（保险丝额定容量：30A）。
4) 拔下蓄电池正极柱头保险丝，检查保险丝是否熔断（保险丝额定容量：150A）。

5.2.2 检查电机控制器低压电源电压

1) 操作起动开关，使电源模式至 OFF 状态。
2) 断开电机控制器线束连接器 EP11。
3) 操作起动开关，使电源模式至 ON 状态。
4) 用万用表测量电机控制器线束连接器 EP11 端子 25 和车身接地之间的电压值（标准电压：11~14V），如图 5-2-1 所示。
5) 用万用表测量电机控制器线束连接器 EP11 端子 26 和车身接地之间的电压值（标准电压：11~14V），如图 5-2-1 所示。
6) 确认测量值是否符合标准。

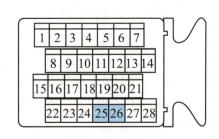

图 5-2-1 电机控制器线束连接器 EP11 端子 25、26

5.2.3 检查电机控制器接地电阻

1）操作起动开关，使电源模式至 OFF 状态。

2）断开电机控制器线束连接器 EP11。

3）用万用表测量电机控制器线束连接器 EP11 端子 11 和车身接地之间的电阻（标准电阻：小于 1Ω），如图 5-2-2 所示。

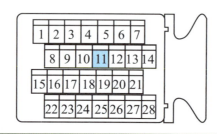

图 5-2-2　电机控制器线束连接器 EP11 端子 11

4）确认测量值是否符合标准。

5.2.4 检查分线盒线束

1）操作起动开关，使电源模式至 OFF 状态。

2）断开蓄电池负极电缆。

3）拆卸维修开关。

4）断开电机控制器高压线束连接器 EP54，如图 5-2-3 所示。

5）断开直流母线线束连接器 EP42（分线盒侧），如图 5-2-4 所示。

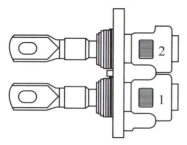

图 5-2-3　电机控制器高压线束连接器 EP54

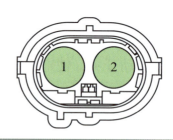

图 5-2-4　直流母线线束连接器 EP42

6）用万用表测量电机控制器高压线束连接器 EP54 端子 1 和直流母线线束连接器 EP42 端子 1 之间的电阻（标准电阻：小于 1Ω）。

7）用万用表测量电机控制器高压线束连接器 EP54 端子 2 和直流母线线束连接器 EP42 端子 2 之间的电阻（标准电阻：小于 1Ω）。

8）确认测量值是否符合标准。

5.2.5 检查检测 DC-DC 与蓄电池之间的线路

1）操作起动开关，使电源模式至 OFF 状态。

2）断开蓄电池负极电缆。

3）断开电机控制器线束连接器 EP12。

4）断开蓄电池正极电缆。

5）用万用表测量电机控制器线束连接器 EP12 端子 1 和蓄电池正极电缆之间的电阻（标准电阻：小于 1Ω）。

6）确认测量值是否符合标准。

拓展知识

1. 层叠母排对杂散电感的抑制原理

开关器件在换流过程中，快速变化的电流可以作为一个瞬间的高频电流。由于邻近效应的存在，导体的高频电流将会在邻近导体层形成镜像电流。当两个导通层之间的信号路径与地平面路径层叠放置，并且导体层之间的距离远小于导体宽度时，在集肤效应的作用下，两导体层上的高频电流相互靠近聚集在内层邻近表面，形成一对方向相反的电流，此时导体的部分高频磁场在一定程度上彼此抵消。因此，这种磁场相互抵消的现象可以等效为两导体层之间的杂散电感在一定程度上得到抑制。导体层之间产生镜像电流的分布分为两种情况：①当信号本身有自己独立的返回路径时，称为平衡路径；②当信号本身与邻近地平面之间形成往返路径时，称为非平衡路径。在非平衡路径下，信号电流和镜像电流产生的辐射磁场能够相互抵消。因此，在非平衡路径下，电流回路面积达到最小值，与此同时，信号电流和镜像电流之间的回路杂散电感也非常小。当设置信号路径和地平面路径等大时，就形成了所谓的叠层母排。

根据前面对路径选择对比的探讨可知，叠层母排能够实现降低杂散电感应用效果的前提条件为：①换流回路中，同一高频电流要流过所有铜排导体形成一个完整的换流过程；②换流回路中的所有铜排导体要通过叠层结构设计来达到非平衡路径。

针对常用的两电平全桥拓扑电路连接母排，可以将换流回路简化为由两块直流母线铜排构成。根据基尔霍夫电流定理可知，流经正、负母线铜排上的电流始终大小相等、方向相反，即满足条件①的要求；在结构上只要将正、负母线铜排叠层设置，即可满足条件②的要求，因此对于两电平全桥拓扑的换流回路，可以通过叠层母排的结构设计来实现主电路的电气连接，从而达到降低回路中杂散电感的应用效果。

2. 叠层母排的性能特点

层叠母排具有很多优点,其主要的性能特点如下。

(1)能够减少杂散电感,降低尖峰电压,从而提高系统的可靠性、安全性

杂散电感(寄生电感)导致的尖峰电压会导致 IGBT 在通、断时的能量聚集,造成电压突变;低感母排独特的平行平面设计可将杂散电感减到最低。在电流大小相同、方向相反的正负连接复合母排上,流过母线上的正负电流方向相反,从而抵消了线路上的差模杂散电感。

(2)具有低阻抗、互感和自感量,发热少

阻抗最大的是圆形导体,最小的是平板形导体。减少阻抗相应地就会降低阻值和功率损失。复合母排大面积、小距离的特点可以使自感最小。

(3)抗干扰能力强,可靠性高

杂讯大多是由开关动作或静态功率转换器等干扰造成的,当这些干扰与正常信号叠加在一起时,器件是无法分辨的,因为正常信号也是以通模的状态存在;而母排的杂讯远低于电缆,具有良好的抗干扰性能。

(4)线路改善散热特性

复合母排所采用的平行平面设计可以使表面积增大,连接集中,便于作散热设计,因此可承受电路中更高的电流值,载流能力大大提升。

(5)整体简洁、紧凑

便于模块化设计,总体成本降低,安装防错能力强,能够大幅减少配线错误,安装效率高。

在未来,叠层母排将广泛应用在功率转换领域(如太阳能逆变器、风能变流器),通信领域(如通信基站、配电系统),交通领域(如机车、电车),计算机领域(如服务器、大型主机),电动汽车充电站,电动船舶,UPS 电源柜等众多领域。量身定做的模块式结构便于安装和现场服务,使产品具有更高的可靠性和安全性,以更低的电压降实现高电流承载能力,成为行业未来发展的趋势。

学习任务3 认知电机能量回收系统

学习目标

1）能描述新能源汽车能量回收系统。
2）能描述制动能量回收的影响因素。
3）能描述制动能量回收方法。
4）能描述电动汽车制动能量回收系统的作用。

5.3.1 新能源汽车能量回收系统简介

能量回收系统也称制动能量回收系统或再生制动，是指新能源汽车在减速制动（或者下坡）时将汽车的部分动能转化为电能，并将电能储存在储存装置（如各种蓄电池、超级电容和超高速飞轮）中，最终增加新能源汽车的续驶里程。

图 5-3-1 所示为新能源汽车再生制动/液压制动系统的基本结构，当驾驶员踩下制动踏板后，电泵使制动液增压产生所需的制动力，制动控制与电机控制协同工作，确定电动汽车上的再生制动力矩和前后轮上的液压制动力。再生制动时，再生制动控制回收再生制动能量，并且反充至动力电池中。与传统燃油车相同，电动汽车上的 ABS 及其控制阀的作用是产生最大的制动力。

制动能量回收的基本原理是先将汽车制动或减速时的一部分机械能（动能）经能量回收系统转换（或转移）为其他形式的能量（旋转动能、液压

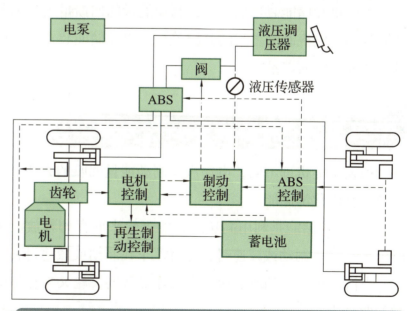

图 5-3-1 新能源汽车再生制动/液压制动系统的基本结构

能、化学能等），并储存在储能器中，同时产生一定的负荷阻力使汽车减速制动；当汽车再次起动或加速时，再生系统又将储存在储能器中的能量转换为汽车行驶所需要的动能（驱动力）。

5.3.2 制动能量回收的影响因素

（1）电机

电机对制动能量的回收有着非常大的影响，若其可提供的制动能力强，则调配机械摩擦制动与再生制动时，加大再生制动的份额就能够增加能量的回馈量；若其发电能力强，即电机的电功率高，则能量的回收能力就强；同时电机的机械效率等也同样限制着能量的回收能力。所以在现阶段，永磁无刷直流电机、交流感应电机以及开关磁阻电机最适合作为新能源汽车的驱动电机。

（2）储能装置

现阶段车载储能装置主要有蓄电池、燃料电池、超级电容及飞轮等，其中使用较多的是蓄电池。储能装置的电池充电状态直接制约着能量回收能量，是最主要的影响因素。若储能装置电量充足，则制动能量就不能进行回收；若储能装置充电电流超过其允许范围或者电机输出的电功率超过储能装置最大的充电功率，则也无法回收制动能量。

（3）行驶工况

制动频率较高的工况，如城市中车辆需频繁起步与停车，回收的制动能量较多；而制动频率较低的工况，如高速公路中车辆很少进行减速制动，故只有较少的能量回收。

（4）控制策略

当电机和储能装置确定后，制动能量的回馈量由其控制策略决定，控制策略确定了机械摩擦制动与电机制动之间的分配关系，以及储能装置的充电和放电状态，同时也确定了制动过程中能量的回馈量。

5.3.3 制动能量回收方法

根据储能机理不同，电动汽车制动能量回收的方法也不同，主要有三种：飞轮储能、液压储能和电化学储能。

1）飞轮储能是利用高速旋转的飞轮来储存和释放能量，能量回收系统原理如图5-3-2所示。当汽车制动或减速时，先将汽车在制动或减速过程中的动能转换成飞轮高速旋转的动能；当汽车再次起动或加速时，高速旋转的飞轮又将存储的动能通过传动装置转化为汽车行驶的驱动力。

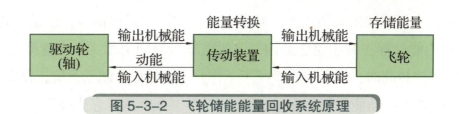

图 5-3-2 飞轮储能能量回收系统原理

图 5-3-3 所示为一种飞轮储能式制动能量回收系统示意图。系统主要由发动机、高速储能飞轮、增速齿轮、离合器和驱动桥组成。发动机用来提供驱动汽车的主要动力，高速储能飞轮用来回收制动能量及作为负荷平衡装置，为发动机提供辅助的功率，以满足峰值功率的要求。

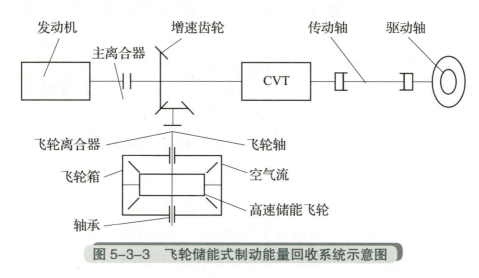

图 5-3-3 飞轮储能式制动能量回收系统示意图

2）液压储能式制动能量回收系统原理图如图 5-3-4 所示。它先将汽车在制动或减速过程中的动能转换成液压能，并将液压能储存在液压储能器中；当汽车再次起动或加速时，储能系统又将储能器中的液压能以机械能的形式反作用于汽车，以增加汽车的驱动力。

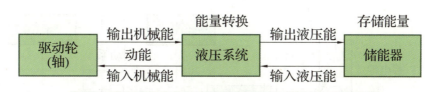

图 5-3-4 液压储能式制动能量回收系统原理图

图 5-3-5 所示为一种液压储能式制动能量回收系统示意图。系统由发动机、液压泵/电机、储能器、变速器、驱动桥、离合器和液压控制系统组成。汽车起动、加速或爬坡时，液控离合器接合，液压储能器与连动变速器连接，液压储能器中的液压能通过液压泵/电机转化为驱动汽车的动能，用来辅助

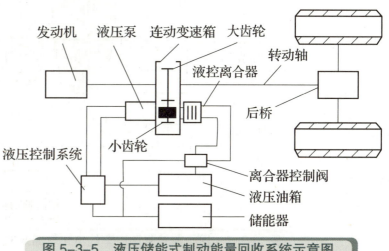

图 5-3-5 液压储能式制动能量回收系统示意图

发动机满足驱动汽车所需要的峰值功率。减速时，电控元件发出信号，使系统处于储能状态，将动能转换为压力能储存在液压储能器内，这时汽车行驶阻力增大，车速降低直至停车。在紧急制动或初始车速较高时，能量回收系统不工作，不影响原车制动系统正常工作。

3）电化学储能式制动能量回收系统原理如图5-3-6所示。它先将汽车在制动或减速过程中的动能通过发电机转化为电能，并以化学能的形式储存在储能器中；当汽车再次起动或加速时，再将储能器中的化学能通过电机转化为汽车行驶的动能。储能器可采用动力电池或超级电容，由发电机/电动机实现机械能和电能之间的转换。系统还包括一个控制单元，用来控制蓄电池或超级电容的充放电状态，并保证蓄电池的剩余电量在规定的范围内。

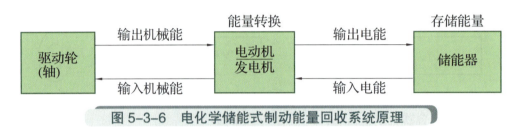

图 5-3-6　电化学储能式制动能量回收系统原理

图5-3-7所示为一种用于前轮驱动汽车的电化学储能式制动能量回收系统示意图。当汽车以恒定速度或加速度行驶时，电磁离合器脱开。当汽车制动时，行车制动系统开始工作，汽车减速制动，电磁离合器接合，从而接通驱动轴和变速器的输出轴。这样，汽车的动能由输出轴、离合器、驱动轴、驱动轮和从动轮传到发电机和飞轮上。制动时的机械能由电机转换为电能，存入动力电池。当离合器再分离时，传到飞轮上的制动能驱动发电机产生电能，存入蓄电池。在发电机和飞轮回收能量的同时，产生负载作用，作为前轮驱动的制动力。当汽车再次起动时，动力电池的化学能被转换成机械能，用来加速汽车。

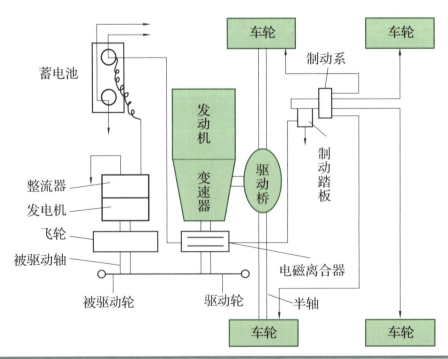

图 5-3-7　用于前轮驱动汽车的电化学储能式制动能量回收系统示意图

电动汽车一般采用这种形式实现再生制动能量回收，方法是在制动或减速时将驱动电机转化为发电机。

5.3.4 电动汽车制动能量回收系统的作用

制动能量回收问题对于提高电动汽车的能量利用率具有重要意义。在汽车制动过程中，汽车的动能通过摩擦转化为热能耗散掉，浪费了大量的能量。有关研究数据表明，在城市中行驶，大量的驱动能量被转化为制动能量而消散掉。从平均数值看，制动能量占总驱动能量的 50% 左右。

在电动汽车上采取制动能量回收方法的主要作用有以下几点。

1）提高电动汽车的能量利用率。

2）延长电动汽车的行驶里程，电制动与传统制动相结合，减轻传统制动器的磨损，增长其使用周期，降低成本。

3）减少汽车制动器在制动，尤其是缓速下长坡及滑行过程中产生的热量，降低汽车制动器的热衰退，提高汽车的安全性和可靠性。

再生制动系统的结构与原理如图 5-3-8 所示，其由驱动轮、主减速器、变速器、电机、AC-DC 转换器、DC-DC 转换器、能量储存系统及控制器组成。

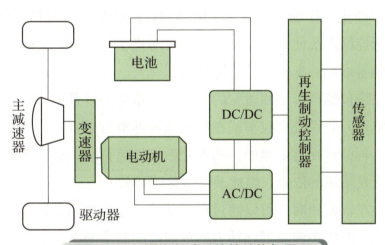

图 5-3-8 再生制动系统的结构与原理

汽车在制动或滑行过程中，根据驾驶员的制动意图，由制动控制器计算得到汽车需要的总制动力，再根据一定的制动力分配控制策略得到电机应该提供的电机再生制动力，电机控制器计算需要的电机电枢中的制动电流，通过一定的控制方法使电机跟踪需要的制动电流，从而较准确地提供再生制动力矩，在电机的电枢中产生的电流经 AC-DC 整流再经 DC-DC 控制器反充到储能装置中保存起来。

在城市循环工况下，汽车的平均车速较低，负荷率起伏变化大，需要频繁地起动和制动，汽车制动过程中以热能方式消耗到空气中的能量占驱动总能量的 50% 左右。如果可以将该部分损失的能量加以回收利用,汽车的续驶里程将会得到很大提高,具有制动能量回收系统的电动汽车,一次充电续驶里程至少可以增加10%~30%。

5.3.5 制动能量回收系统的工作原理

制动能量回收是电动汽车与混合动力汽车的重要技术之一,也是它们的重要特点。在普通内燃机汽车上,当车辆减速、制动时,车辆的运动能量通过制动系统转变为热能,并向大气中释放。而在电动汽车与混合动力汽车上,这种被浪费掉的运动能量可通过制动能量回收技术转变为电能储存于动力电池中(图5-3-9),并进一步转化为驱动能量。例如,当车辆起步或加速,需要增大驱动力时,电机驱动力成为发动机的辅助动力,使电能获得有效应用。

图5-3-9 制动能量回收

一般情况下,在车辆非紧急制动的普通制动场合,约1/5的能量可以通过制动回收。制动能量回收按照混合动力的工作方式不同而有所不同。

在发动机气门不停止工作场合,减速时能够回收的能量约是车辆运动能量的1/3。通过智能气门正时与升程控制系统使气门停止工作,发动机本身的机械摩擦(含泵气损失)能够减少约70%。回收能量增加到车辆运动能量的2/3。

制动能量回收系统包括与车型相适配的发电机、蓄电池以及可以监视电池电量的智能电池管理系统。制动能量回收系统回收车辆在制动或惯性滑行中释放出多余能量,并通过发电机将其转化为电能,再储存在蓄电池中,用于之后的加速行驶。这个蓄电池还可为车内耗电设备供电,以降低对发动机的依赖、燃耗及二氧化碳排放。

混合动力汽车在车辆减速时,可以通过在发动机与电机之间设置离合器,使发动机停止输出功率。但制动能量回收还涉及混合动力汽车的液压制动与制动能量回收的复杂平衡或条件优化的协调控制。那么,为什么可以通过驱动电机回收车辆的运动能量呢?概要地说,其原因是电机工作的逆过程就是发电机工作状态。

电学基础理论阐明,电机驱动的工作原理是左手定则,而电机发电的工作原理是右手定则。由于电机运转,线圈在阻碍磁通变化的方向上发生电动势。该方向与使电机旋转而流动的电流方向相反,称为逆电动势。逆电动势随着转速的增加而上升。由于转速增加,原来使电机旋转而流动的电流,其流动阻力加大,最后达到某一转速后,转速不再增加。当制动时,通过电机的电流被切断,代之而发生逆电动势。这就是使电机起到发电机作用的制动能量回收原理。上述这种电机称为"电机发电机"。

关键是，当制动能量回收制动实施时如何处理脚制动，以及脚制动时制动踏板行程（或强度）如何与制动能量回收系统保持协调关系。这是因为起到制动能量回收作用的制动部分会减少脚制动的制动力。

因为对于脚制动来说，从制动能量回收中所起的作用考虑，必须在减少脚制动的制动力方面做出相应措施。在制动力减少的同时，制动踏板的踏板力要求与踏板行程相对应。

重要的是，不论发生或不发生制动能量回收，与通常车辆一样，制动踏板的作用依然存在，为此，开发了一种称为行程模拟器的装置。

5.3.6 制动能量回收系统的能量回收模式

根据车辆运行状况，制动能量回收系统的能量回收具备不同的模式。

1. 发动机关闭时滑行/制动状态下的能量回收模式

发动机关闭时滑行/制动状态下的能量回收模式如图 5-3-10 所示。在发动机关闭时滑行/制动状态下，发动机与电机离合器打开，电机/发电机离合器闭合，能量仅通过电机/发电机回收。

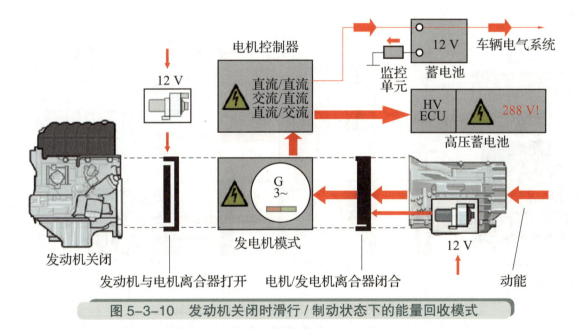

图 5-3-10 发动机关闭时滑行/制动状态下的能量回收模式

2. 发动机倒拖时滑行/制动状态下的能量回收模式

发动机倒拖时滑行/制动状态下的能量回收模式如图 5-3-11 所示。在发动机倒拖时滑行/制动状态下，发动机与电机离合器闭合，电机/发电机离合器闭合，能量除了通过电机/发电机回收外，一部分用于发动机制动（此时发动机切断燃油供给）。

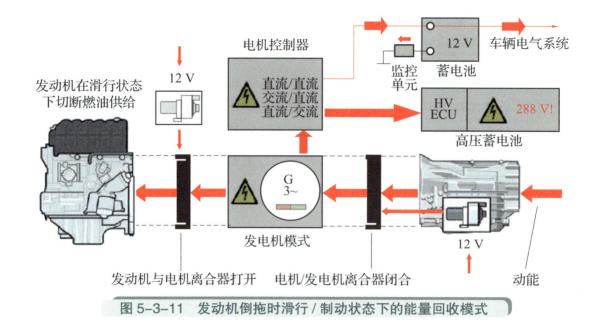

图 5-3-11　发动机倒拖时滑行/制动状态下的能量回收模式

3. 发动机起动时滑行/制动状态下的能量回收模式

发动机起动时滑行/制动状态下的能量回收模式如图 5-3-12 所示。在发动机起动时滑行/制动状态下，发动机离合器打开，电机/发电机离合器闭合，能量仅通过电机/发电机回收。

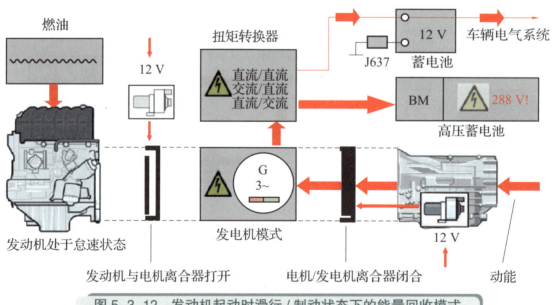

图 5-3-12　发动机起动时滑行/制动状态下的能量回收模式

5.3.7　能量回馈所具备的条件

（1）满足制动安全的要求

在回馈制动过程中，制动安全是第一位的，因而根据整车的制动要求，回馈制动系统应保持一定的制动转矩,以保证整车的制动效能,如制动减速度、制动距离等。在一般的减速过程中,回馈制动可以满足要求。当制动力矩需求大于系统回馈制动能力时,还需要采用传统的机械制动。此外,当转速低至回馈制动无法实现时,也需要采取其他制动方式辅助制动运行。

（2）电机系统的回馈能力

回馈制动系统在工作过程中,应考虑电机系统在发电过程中的工作特性和输出能力。因此,需要对回馈过程中的电流大小进行限制,以保证电机系统的安全运行。

（3）电池组的充电安全

电动汽车常用的能源多为铅酸电池、锂电池、镍氢电池等。充电时应避免充电电流过大,损坏蓄电池。因此,回馈制动系统的容量除了要考虑电机系统的回馈能力,还应包含蓄电池的充电承受能力。由于回馈制动过程时间有限,主要约束条件为充电电流的大小。

拓展知识

1. 丰田混合动力车的制动能量回收系统

丰田混合动力车制动能量回收系统由原发动机车型的液压制动器（包括液压传感器、液压阀）与电机（减速、制动时起发电机作用,即转变为能量回收发电工况）、逆变器、电控单元（包括动力蓄电池电控单元、电机电控单元和能量回收电控单元）组成。

丰田的能量回收制动系统的特点是采用制动能量回收与液压制动的协调控制,其协调制动的原理是在不同路况和工况条件下首先确保车辆制动稳定性和安全性,同时考虑到动力蓄电池再生制动的能力（由动力蓄电池电控单元控制）,使车轮制动扭矩与电机能量回收制动扭矩之间达到优化目标的协调控制,并由整车电控单元实施集中控制。

若驾驶员踩制动踏板,则按照制动踏板力大小,通过行程模拟器等部分,液压制动器（液压伺服制动系统）实时进入相应工作,紧接着制动能量回收系统也将进入工作状态。即如果动力蓄电池的电控单元判断动力蓄电池有相应的荷电量回收能力,制动能量回收制动力占整个制动力的相应部分。当车辆接近停止时,制动能量回收系统制动力变为零。当液压制动的面积小,制动能量回收制动的面积大时,表示制动能量回收量增加。增加制动能量回收的面积直接与降低燃油耗相关。但是在液压制动保持不变的状态下,只考虑制动能量回收率上升而增加制动力,会导致驾驶员对制动路感变差。为解决这一问题,开发了电子线控制动的电子控制制动器。在电子控制制动器中,制动踏板与车轮制动分泵不是通过液压管路直接连接,而是通过电子控制单元向液压能量供给源发出相应指令,使对应于制动能量回收制动强度的液压传递到相应车轮制动分泵。因此,制动能量回收制动与液压制动之和达到与制动踏板行程量相对应的制动力值,从而改善驾驶员制动操作时的路感。

制动能量回收控制受到脚制动踏板力信号，经过制动总泵与行程模拟器输入部，再进入液压控制部（包括液压泵电机、蓄压器）的液压机构，最后经过制动液压调节传递到车轮制动分泵。同时，如果系统发生故障停止，则液压紧急启动，电磁切换阀开启，即该液压信号又通过电磁阀切换，传递到车轮制动分泵。

2. 本田第四代 IMA 混合动力系统的制动能量回收系统

本田第四代 IMA 混合动力系统应用在 2010 款 Insight 混合动力车上。其制动能量回收系统采用执行器和电控单元组成一体化模块型式，包括 IMA 系统电机控制模块、动力蓄电池监控模块和电机驱动模块。

制动能量回收系统工作过程如下。

IMA 电机在制动、缓慢减速时，通过混合动力整车电控单元发出相应指令使电机转为发电机再生发电工况，通过制动能量回收控制系统以电能形式向动力蓄电池充电。其基本工作过程是：当制动时，制动踏板传感器使 IMA 电控单元激活制动总泵伺服装置，通过动力蓄电池电控单元、能量回收电控单元、电机电控单元等电控单元发出相应指令，使液压机械制动和电机能量回收之间制动力协调均衡，以实现最优能量回收。第四代 IMA 系统采用了可变制动能量分配比率，比上一代的制动能量回收能力增加 70%。

IMA 电机、动力蓄电池电控单元、能量回收电控单元、电机电控单元等都属于本田第四代 IMA 混合动力系统的智能动力单元组成部分。它由动力控制单元、高性能镍氢蓄电池和制冷系统组成。动力控制单元是智能动力单元的核心部分，控制电机助力（即进入电动工况）。PCU 通过接收节气门传感器输入的开度信号，按照发动机的有关运行参数和动力蓄电池荷电状态等信号决定电能辅助量，并同时决定蓄电池能量回收能力。PCU 的主要组成部分有蓄电池监控模块——蓄电池状态检测、电机控制模块和电机驱动模块。

纵观现有实用化的不同的混合动力系统，制动能量回收控制在细节上有所不同。一般采用电子控制的液压制动与制动能量回收的组合方式，也称为电液制动伺服控制系统。

学习情境 6

电机控制系统检修

学习任务 1　检修电机控制器供电回路故障

> **学习目标**
>
> 1）能描述相应的故障代码。
> 2）能描述相应的电路简图。
> 3）能描述相应故障的诊断步骤。

6.1.1　吉利帝豪EV450诊断方法

1）了解用户车辆在什么工况下出现的故障现象。
2）验证用户反映的故障是否属实（间歇性故障）。
3）读取系统软件版本信息，确认是否在最新状态。
4）读取系统故障码，根据故障码含义分析故障部件。

6.1.2 吉利帝豪EV450诊断说明

熟悉系统功能和操作内容以后再开始系统诊断，这样在出现故障时有助于确定正确的故障诊断步骤。更重要的是，这样有助于确定客户描述的状况是否属于正常操作。

6.1.3 吉利帝豪EV450目视检查

1）检查可能影响电机控制系统操作的售后加装装置。

2）检查易于接触或能够看到的系统部件，以查明其是否有明显损坏或存在可能导致故障的情况。

6.1.4 电机控制系统端子列表

电机控制模块线束连接器如图6-1-1所示，端子定义如表6-1-1所示。

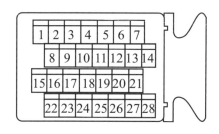

图6-1-1 电机控制模块线束连接器

表6-1-1 电机控制模块线束连接器端子定义

端子号	端子定义	线径（mm²）颜色	端子状态	状态
1	高压互锁输入	0.5Br	E-S-PLTIN	—
2	—	—	—	—
3	—	—	—	—
4	高压互锁输出	0.5W	E-S-PLOUT	
5	温度传感器输入	0.5Br/W	E-A-EMTI	
6	温度传感器接地	0.5R	M-A-EMTO	
7	温度传感器输入	0.5L/R	E-A-EMTO	
8	—	—	—	—
9				
10	屏蔽线接地	0.5B	M-SCHIRM-VOGT	
11	接地	0.5B		

续表

端子号	端子定义	线径（mm²）颜色	端子状态	状态
12	—	—	—	—
13	温度传感器接地	0.5W/G	E-A-EMTI	—
14	唤醒输入	0.5L/W	E-S-唤醒	—
15	resolver+EXC	0.5G		
16	resolver+COSLO	0.5P		
17	resolver+SINLO	0.5W		
18	—	—	—	—
19	—	—	—	—
20	CAN-H	L/R	总线	
21	CAN-L	0.5Gr/O	总线	
22	resolver-EXC	0.5O	A-F-LG-ERR-NEG	
23	resolver+COSHI	0.5L	E-F-LG-COSHI	
24	resolver+SINHI	0.5Y	E-F-LG-SINHI	
25	KL15	0.5R/B	E-S-KL15	
26	KL30	0.5R/Y	U-UKL30	
27	调试CAN-H	0.5P/W	总线	
28	调试CAN-L	0.5B/W	总线	

6.1.5 电机控制器低压供电回路故障

电机控制器低压供电回路故障故障代码如表6-1-2所示。

表6-1-2 电机控制器低压供电回路故障故障代码

故障码	说明
P056300	蓄电池电压过电压故障
P056200	蓄电池电压欠电压故障
P113600	低压端输出与蓄电池连接断开故障

6.1.6 电机控制器低压供电回路故障电路简图

电机控制器低压供电回路故障电路简图如图6-1-2所示。

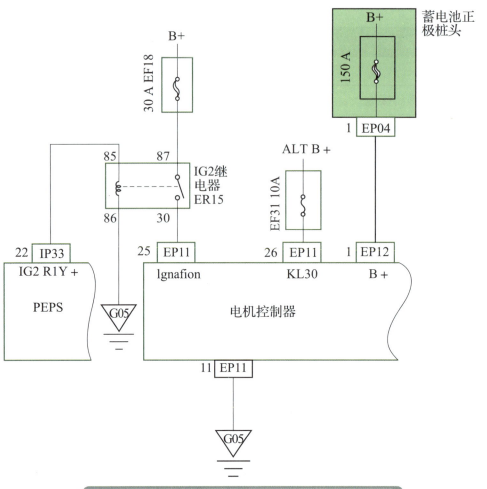

图 6-1-2 电机控制器低压供电回路故障电路简图

6.1.7 电机控制器低压供电回路故障诊断步骤

1）检查蓄电池电压。

①操作起动开关，使电源模式至 OFF 状态。

②用万用表测量蓄电池正负极之间的电压（电压标准值：11~14V）。

③确认测量值是否符合标准。如不符合，检查充电系统或对蓄电池充电。

2）检查电机控制器保险丝 EF18、EF31 和蓄电池正极桩头保险丝是否熔断。

①操作起动开关，使电源模式至 OFF 状态。

②拔下保险丝 EF31，检查保险丝是否熔断（保险丝额定容量：10A）。如果熔断，检修保险丝线路，更换额定容量保险丝。

③拔下保险丝 EF18，检查保险丝是否熔断（保险丝额定容量：30A）。如果熔断，检修保险丝线路，更换额定容量保险丝。

④拔下蓄电池正极桩头保险丝，检查保险丝是否熔断（保险丝额定容量：150A）。如果熔断，检修保险丝线路，更换额定容量保险丝。

3）检查电机控制器电源电压。

①操作起动开关，使电源模式至 OFF 状态。

②断开电机控制器线束连接器 EP11。

③操作起动开关，使电源模式至 ON 状态。

④用万用表测量电机控制器线束连接器 EP11 端子 25 和车身接地之间的电压值（标准电压：11~14V），如图 6-1-3 所示。

⑤用万用表测量电机控制器线束连接器 EP11 端子 26 和车身接地之间的电压值（标准电压：11~14V），如图 6-1-3 所示。

⑥确认测量值是否符合标准。如果不符合标准，则修理或更换线束。

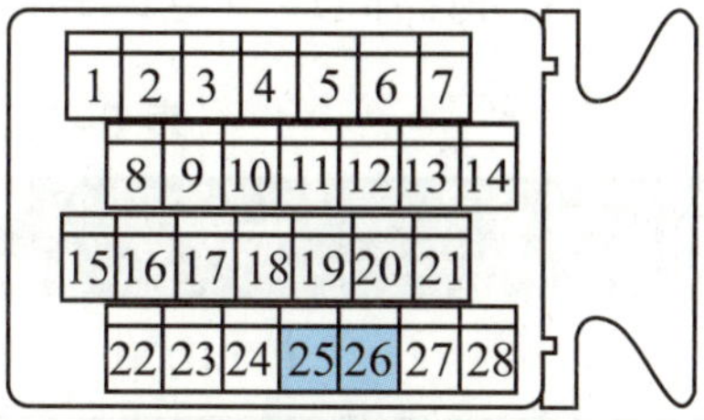

图 6-1-3　电机控制器线束连接器 EP11 端子 25、26

4）检查电机控制器接地电阻。

①操作起动开关，使电源模式至 OFF 状态。

②断开电机控制器线束连接器 EP11。

③用万用表测量电机控制器线束连接器 EP11 端子 11 和车身接地之间的电阻（标准电阻：小于 1Ω），如图 6-1-4 所示。

④确认测量值是否符合标准。如果不符合标准，则修理或更换线束。

5）检查检测 DC-DC 与蓄电池之间的线路。

①操作起动开关，使电源模式至 OFF 状态。

②断开蓄电池负极电缆。

③断开电机控制器线束连接器 EP12。

④断开蓄电池正极电缆。

⑤用万用表测量电机控制器线束连接器 EP12 端子 1 和蓄电池正极电缆之间的电阻（标准电阻：小于 1Ω），如图 6-1-5 所示。

⑥确认测量值是否符合标准。如果不符合标准，则修理或更换线束。

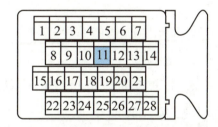

图 6-1-4　电机控制器线束连接器 EP11 端子 11

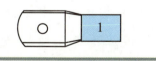

图 6-1-5　EP12 线束连接器

6）更换电机控制器。

①操作起动开关，使电源模式至 OFF 状态。

②断开蓄电池负极电缆。

③拆卸维修开关。

④更换电机控制器。

⑤确认故障排除。

6.1.8 电机控制器高压供电回路故障

电机控制器高压供电回路故障故障代码如表6-1-3所示。

表6-1-3 电机控制器高压供电回路故障故障代码

故障码	说明
P114D00	高压端过电压检测

6.1.9 电机控制器高压供电回路故障诊断步骤

通过数据流读出数值。通过对比电池管理系统上报的母线电压与电机控制器上报的母线电压，判断两者的电压相差是否过大。如果不过大，则系统正常；如果过大，则更换电机控制器，诊断结束。

拓展知识

1. 电流互感器的主要技术名词和技术规范

1）额定电流比。额定电流比是指一次额定电流与二次额定电流之比。

2）准确度等级。由于电流互感器存在一定的误差，需根据其允许误差划分出不同的准确度等级。电流互感器的准确度等级分为0.001~1多个级别，能够适应多种不同的应用场合。用于发电厂、变电站、用电单位配电控制盘上的电气仪表，一般采用0.5级或0.2级；用于设备、线路的继电保护，一般不低于1级；用于电能计量时，视被测负荷容量或用电量多少，依据规程要求来选择。

3）额定容量。即额定二次电流通过额定二次负载时所消耗的视在功率，也可以用二次额定负荷阻抗表示。

4）额定电压。电流互感器的额定电压是指一次绕组长期对地所能承受的最大电压，其有效值应不低于所接线路的额定相电压。电流互感器的额定电压分为0.5kV、3kV、6kV、10kV、35kV、110kV、220kV、330kV、500kV等多种电压等级。

5）极性标志。一次绕组出线端的首端标为L1，末端为L2。当多量限一次绕组带有抽头时，首端标为L1，末端为L2，L3，…，以此类推。二次绕组出线端，首端标为K1，末端为K2。当二次绕组带有中间抽头时，首端标为K1，自第一个抽头起依次为K2，

K3，…，以此类推。对于具有多个二次绕组的电流互感器，应分别在各二次绕组的出线端标志"K"前加注数字。由于供电线路与用电线路中电流电压的大小相差悬殊，从几安倍到几万安倍都有，为便于二次仪表测量，需要转换为比较统一的电流。此外，线路上的电压一般比较高，如果直接测量是非常危险的，电流互感器可以起到隔离的作用。

因为电流互感器的显示仪表大部分是指针式的电流表，所以电流互感器的二次电流大多数是安培级的（如5A等）。而现在的电流测量大多采用数字化，计算机的采样信号一般为毫安级（0~5V、4~20mA等）。因此，微型电流互感器的二次电流为毫安级，主要起到大互感器与采样之间的桥梁作用。微型电流互感器也称为仪用电流互感器，电流互感器准确度各级别误差列表如表6-1-4所示。

表6-1-4 电流互感器准确度各级别误差列表

电流互感器的准确度级别	额定电流百分数 /%	允许误差	
		变比误差 γ /%	δ /(')
0.01	10~120	±0.01	±0.3
0.02	10~120	±0.02	±0.6
0.05	10~120	±0.05	±2
0.1	50	±0.15	±7
	100~120	±0.1	±5
0.2	50	±0.65	±13
	100~120	±0.20	±10
0.5	50	±0.65	±40
	100~120	±0.5	±30
1	50	±1.3	±80
	100~120	±1.0	±60

2. 传统的电流传感器

传统的电流传感器就是指电流互感器，电流互感器拾取的电流信号可以直接通过电流表显示出来，也可以接入控制、保护设备里，用来控制设备的运行状态。现有的检测和测量电流所使用的互感器，由一个封闭的铁芯和缠绕在铁芯上的一次绕组及二次绕组组成，其原理和结构与一般的小型变压器相同，如图6-1-6所示。

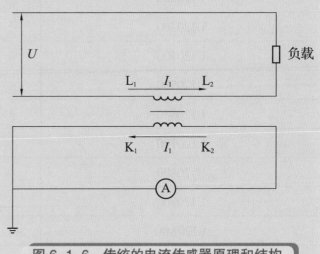

图6-1-6 传统的电流传感器原理和结构

学习任务 2 检修电机控制器通信故障

学习目标

1) 能描述相应的故障代码。
2) 能描述相应的电路简图。
3) 能描述相应故障的诊断步骤。

6.2.1 电机控制器通信故障

电机控制器通信故障故障代码如表 6-2-1 所示。

表 6-2-1 电机控制器通信故障故障代码

故障码	说明
U007388	hybrid CAN 发生 BusOff 故障
U007387	hybrid CAN 发生 Timeout 故障
U120000	ID 1B6 接收超时
U120100	ID 1B6 长度错误
U120200	ID 1B6 校验和错误
U120300	ID 1B6 循环计数错误
U120400	ID 1CA 接收超时
U120500	ID 1CA 长度错误
U120600	ID 1CA 校验和错误
U120700	ID 1CA 循环计数错误
U120800	ID 364 接收超时
U120900	ID 364 长度错误
U120A00	ID 364 校验和错误
U120B00	ID 364 循环计数错误

续表

故障码	说明
U110000	ID 230 BMS_General 帧超过一段时间
U110100	ID 230 BMS_General DLC 长度错误
U110200	ID 230 BMS_General 校验和错误
U110300	ID 230 BMS_General 循环计数错误
U110400	ID 246 帧接收超过一段时间
U110500	ID 2A6 长度错误
U130000	ID 2A8 接收超时
U130100	ID 2A8 长度错误
U130200	ID 2A8 校验和错误
U130300	ID 2A8 循环计数错误
U110600	ID 2A6 校验和错误
U110700	ID 2A6 循环计数错误

6.2.2 电机控制器通信故障电路简图

电机控制器通信故障电路简图如图 6-2-1 所示。

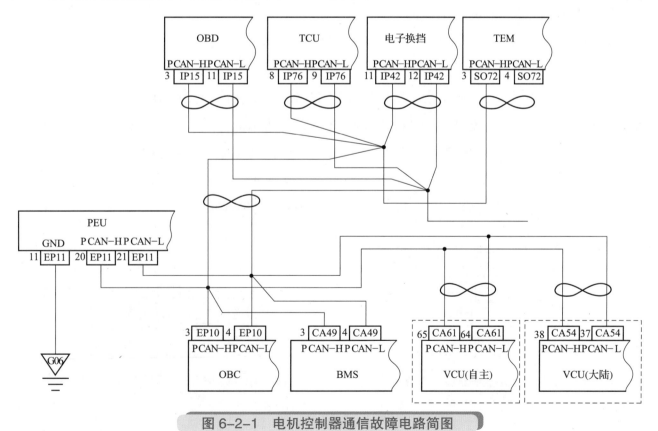

图 6-2-1 电机控制器通信故障电路简图

6.2.3 诊断步骤

1）使用故障诊断仪读取故障代码。

①操作起动开关，使电源模式至 ON 状态。

②连接故障诊断仪，读取系统故障代码。

③确认系统是否存在其他故障代码。如果存在，则优先排除其他故障代码指示故障。

2）检查电机控制器的通信屏蔽线路。

①操作起动开关，使电源模式至 OFF 状态。

②断开电机控制器线束连接器 EP11。

③用万用表测量电机控制器线束连接器 EP11 端子 10 与车身可靠接地之间的电阻（电阻标准值：小于 1Ω），如图 6-2-2 所示。

④确认测量值是否符合标准。如果不符合，则修理或更换线束。

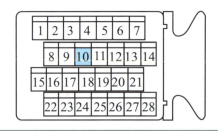

图 6-2-2　电机控制器线束连接器 EP11 端子 10

3）检查电机控制器的通信线路。

①操作起动开关，使电源模式至 OFF 状态。

②断开电机控制器线束连接器 EP11。

③用万用表测量电机控制器线束连接器 EP11 端子 21 和诊断接口 IP15 端子 11 之间的电阻（电阻标准值：小于 1Ω），如图 6-2-3 和图 6-2-4 所示。

④用万用表测量电机控制器线束连接器 EP11 端子 20 和诊断接口 IP15 端子 3 之间的电阻（电阻标准值：小于 1Ω），如图 6-2-3 和图 6-2-4 所示。

⑤确认测量值是否符合标准。如不符合，则修理或更换线束。

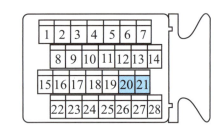

图 6-2-3　电机控制器线束连接器 EP1 端子 20、21

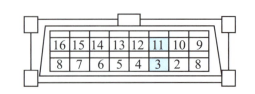

图 6-2-4　IP15 诊断接口线束连接器 端子 3、11

4）进行 P-CAN 网络完整性检查。

①操作起动开关，使电源模式至 OFF 状态。

②用万用表测量终端接口 IP15 端子 3 和端子 11 之间的电阻值（标准电阻：55~67.5Ω）。

③确认测量值是否符合标准。如不符合，则优先排除 P-CAN 网络不完整故障。

5）更换电机控制器。

①操作起动开关，使电源模式至 OFF 状态。

②断开蓄电池负极电缆。

③拆卸维修开关。

④更换电机控制器。

⑤确认故障排除。

拓展知识

1. 轮毂/轮边电机概述

轮毂/轮边电机的主要结构特征是将驱动电机直接安装在驱动轮内（轮毂）或驱动轮附近（轮边）。轮毂/轮边电机的驱动方式主要有直接驱动和减速驱动两种基本形式，这取决于是采用低速外转子还是高速内转子电机，如图 6-2-5 所示。

图 6-2-5 轮毂/轮边电机

直接驱动方式采用低速外转子电机，电动轮与车轮组成一个完整部件总成，电机安装在车轮内部，没有减速装置，直接驱动车轮带动汽车行驶，电机转速一般为 1000~1500r/min，这种电机称为轮毂电机。其主要优点是电机体积小、质量小、成本低，系统传动效率高，结构紧凑，既有利于整车结构布置和车身设计，又便于改型设计。这种电动轮直接将外转子安装在车轮的轮辋上驱动车轮转动。然而，电动汽车在起步时需要较大的转矩，这就要求安装在直接驱动型电动轮中的电机必须能在低速时提供大转矩。为了使汽车能够有较好的动力性，电机还必须具有很宽的转矩和转速调节范围。由于电机工作产生一定的冲击和振动，要求车轮轮辋和车轮支承必须坚固、可靠。同时由于非簧载质量大，要保证车辆的舒适性，要求对悬架系统弹性元件和阻尼元件进行优化设计。

减速驱动方式采用高速内转子电机。电机安装在电动轮附近，通过减速机构与电动轮相连，称为轮边电机。这种驱动方式允许电机在高速下运行，通常电机的最高转速设计为4000~20000r/min，其目的是能够获得较高的比功率，而对电机的其他性能没有特殊要求。减速机构布置在电机和车轮之间，起到减速和增矩的作用，从而保证电动汽车在低速时能够获得足够大的转矩。电机输出轴通过减速机构与车轮驱动轴连接，使电机轴承不直接承受车轮与路面的载荷作用，改善了轴承的工作条件；采用固定速比行星齿轮减速器，使系统具有较大的调速范围和输出转矩，充分发挥驱动电机的调速特性，消除了电机输出转矩和功率受到车轮尺寸的影响。设计中主要应考虑解决齿轮的工作噪声和润滑问题，其非簧载质量也比直接驱动式电动轮电驱动系统的大，对电机及系统内部的结构方案设计要求更高。

2. 轮毂/轮边电机的工作原理

与单电机集中驱动电动汽车相比，轮毂/轮边电机驱动系统的主要特点在于将总动力分布到多个安装在轮毂的电机中，用电动轮驱动电动汽车行驶。每个轮毂中的电机独立驱动，控制方便，分布灵活。永磁轮毂/轮边电机是一种特殊结构的永磁同步电机，基本原理与永磁同步电机相同，其主要功能是：根据汽车运行工况和负载要求，由控制器提供控制信号，通过功率变换器分配给每个轮毂/轮边电机所需的电压和电流，以控制各电机的运行状态，实施能量变换，即将汽车动力源提供的电能转换为机械能，或将电动轮上的动能转换为电能实现能量反馈。

当电动汽车在恒速、加速或上坡运行时，动力蓄电池向功率变换器输送直流电，功率变换器根据控制器发出的控制信号将直流电分别转换成四个电机所需的电压和电流，以控制电机的转速和转矩，满足车辆的运行要求。此时，电机运行于电动状态。

当电动汽车在滑行、减速或下坡时，若电动汽车在惯性力克服车轮与地面以及空气阻力后，系统还有足够的动力带动电机旋转，电机感应电动势大于电源的外电压，车轮剩余的动能或势能可转化为电能，通过功率变换器回馈给电源，实现能量回馈，达到节能和提高续驶里程的目的。此时，电机运行于回馈制动状态。

当电动汽车在制动停车时，由功率变换器供电给各电机产生与电动轮运行方向相反的电磁转矩，起动电磁制动功能。较好的电磁制动能力可减小机械制动的运行频率，避免机械制动固有的热衰退现象，提高机械制动器的使用寿命，同时提高了车辆安全行驶性。在频繁制动与起动的工况中，制动能量约占总驱动能量的50%。据统计，通过能量回馈可以有效降低能耗，使电动汽车一次充电后的行驶里程延长10%~30%。因此，在电动汽车电池能量不足的情况下，提高轮毂/轮边电机驱动总成的制动能量回馈效率显得极为重要。

学习任务3 检修驱动系统过温故障

学习目标

1）能描述相应的故障代码。
2）能描述相应的电路简图。
3）能描述相应故障的诊断步骤。

6.3.1 电机过温故障

电机过温故障故障代码如表6-3-1所示。

表6-3-1 电机过温故障故障代码

故障码	说明
P0A9300	冷却水过温故障
P0A2C00	定子温度最大值超过阈值
P0A2D00	定子温度最小值小于阈值

6.3.2 电机过温故障电路简图

电机过温故障电路简图如图6-3-1所示。

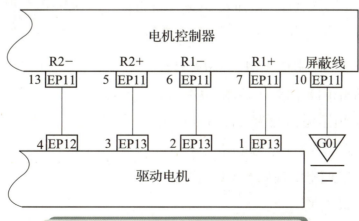

图6-3-1 电机过温故障电路简图

6.3.3 诊断步骤

1）使用故障诊断仪读取故障代码。

①操作起动开关，使电源模式至ON状态。

②连接故障诊断仪，读取系统故障代码。

③确认系统是否存在其他故障代码。如果有其他故障代码，则优先排除其他故障代码指示故障。

2）检查冷却液是否充足。

①打开机舱盖。

②检查管路无弯曲、折叠、漏水现象。

③确认膨胀罐中的冷却液位是否正常。如果不正常，则添加冷却液。

3）检查冷却水泵是否正常。

①操作起动开关，使电源模式至ON状态。

②确认冷却水泵是否正常工作。如果不正常，则优先排除冷却系统故障。

4）检测驱动电机信号屏蔽线路。

①操作起动开关，使电源模式至OFF状态。

②断开蓄电池负极电缆。

③拆卸维修开关。

④操作起动开关使电源模式至ON状态。

⑤断开电机控制器线束连接器EP11。

⑥用万用表测量电机控制器线束连接器EP11的10号端子与车身接地之间的电阻（标准电阻：小于1Ω），如图6-3-2所示。

⑦确认测量值是否符合标准。如不符合，则修理或更换线束。

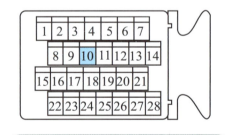

图6-3-2 电机控制器线束连接器EP11的10号端子

5）检查电机温度传感器1、电机传感器2自身的阻值。

①-40℃时，正常电阻阻值（241±20）Ω；

②20℃时，正常电阻阻值为（13.6±0.8）Ω；

③85℃时。正常电阻阻值约为（1.6±0.1）Ω。

6）检查电机温度传感器1信号线路。

①操作起动开关，使电源模式至OFF状态。

②断开蓄电池负极电缆。

③拆卸维修开关。

④操作起动开关，使电源模式至 ON 状态。

⑤断开驱动电机线束连接器 EP13，如图 6-3-3 所示。

⑥断开电机控制器线束连接器 EP11，如图 6-3-4 所示。

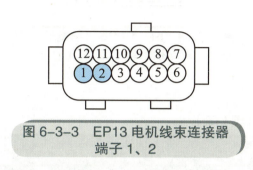

图 6-3-3　EP13 电机线束连接器端子 1、2

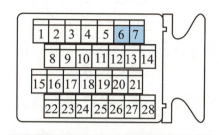

图 6-3-4　电机控制器线束连接器 EP11 的 6、7 号端子

⑦用万用表按表 6-3-2 进行测量。

表 6-3-2　测量标准值表（一）

测量位置 A	测量位置 B	测量标准值
EP13-1	EP11-7	标准电阻：小于 1Ω
EP13-2	EP11-6	
EP13-1	EP13-2	标准电阻：10kΩ 或更高
EP13-1	车身接地	
EP13-2	车身接地	
EP13-1	车身接地	标准电压：0V
EP13-2	车身接地	

⑧确认测量值是否符合标准。如不符合，则修理或更换线束。

7）检查电机温度传感器 2 信号线路。

①操作起动开关，使电源模式至 OFF 状态。

②断开蓄电池负极电缆。

③拆卸维修开关。

④操作起动开关，使电源模式至 ON 状态。

⑤断开驱动电机线束连接器 EP13，如图 6-3-5 所示。

⑥断开电机控制器线束连接器 EP11，如图 6-3-6 所示。

图 6-3-5　EP13 电机线束连接器端子 3、4

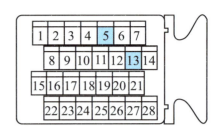

图 6-3-6　EP11 接电机控制器线束连接器端子 5、13

⑦用万用表按表 6-3-3 进行测量。

表 6-3-3　测量标准值表（二）

测量位置 A	测量位置 B	测量标准值
EP13-3	EP11-5	标准电阻：小于 1Ω
EP13-4	EP11-13	
EP13-3	EP13-4	标准电阻：10kΩ 或更高
EP13-3	车身接地	
EP13-4	车身接地	
EP13-3	车身接地	标准电压：0V
EP13-4	车身接地	

⑧确认测量值是否符合标准。如不符合，则修理或更换线束。

8）更换电机控制器。

①操作起动开关，使电源模式至 OFF 状态。

②断开蓄电池负极电缆。

③拆卸维修开关。

④更换电机控制器。

⑤确认故障排除。

拓展知识

1. 多相电机概述

与三相电机类似，根据运行原理不同，多相电机可以分为多相感应电机和多相同步电机两大类。多相感应电机的转子绕组可以是笼形或绕线型，目前多为笼形多相感应电机；

多相同步电机（图 6-3-7）按照转子上励磁方式的不同，可以分为多相电励磁同步电机、多相永磁同步电机等。

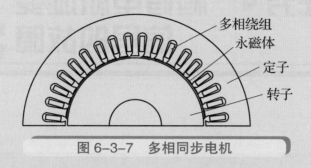

图 6-3-7 多相同步电机

2. 多相电机变频调速系统的特点

对于由多相逆变器驱动多相电机所构成的调速系统来说，因相数可变，增加了设计和控制自由度，能较好地实现电机本体与逆变器的最优匹配，充分发挥调速系统的整体性能和可靠性。所以，多相电机变频调速系统除具有三相电机的调速特性外，还有以下特点。

（1）实现低压大功率传动

在供电电压受限制的场合，采用多相电机调速系统是实现大功率的有效途径。通过增加相数分摊电流和功率，降低了功率开关器件的电流和电压等级，同时也可以避免功率器件并联使用带来的动态和静态均流问题，提高了系统的可靠性。

（2）提高调速系统的整体性能

多相电机相数增大，使电机的谐波次数增大，幅值下降，有效减小了电机的转矩脉动、噪声和振动，并改善了低速运行性能。另外，多相电机由于谐波幅值小，一般情况下不采用短距和分布绕组，故绕组系数大，使产生同样转矩的基波电流减小，定子的铜耗降低。对于感应电机来说，由于磁场谐波含量的降低，转子电流谐波减小，转子铜耗下降。

（3）容错能力更强，可靠性高

由于相数多，当有一相甚至几相出现故障时，电机仍然能够正常起动并降低功率运行，适时适当的控制策略可以维持较高的性能运行。

（4）更多的控制自由度

随着相数的增加，电压空间矢量的个数呈指数增加，为电压型逆变器的空间矢量脉宽调制控制等先进控制策略提供了充足的控制资源。例如，多相电机的直接转矩控制性能和三相电机相比有较大的提高。

尽管多相电机及其调速系统具有诸多优点，但与三相电机调速系统相比，在通用场合的应用中并没有多大优势，三相电机调速仍然占据主流地位。其原因是随着相数的增加，电机结构复杂，成本增加。由于每相一般至少需采用一个桥臂进行驱动，功率开关器件的数量成倍增加，成本较高。因此，多相电机适合应用于大功率或可靠性要求高的场合。

学习任务4 检修电机旋变信号的故障

学习目标

1）能描述相应的故障代码。
2）能描述相应的电路简图。
3）能描述相应故障的诊断步骤。

6.4.1 驱动电机旋变信号故障

驱动电机旋变信号故障故障代码如表6-4-1所示。

表6-4-1 驱动电机旋变信号故障故障代码

故障码	说明
P0C5300	sine/cosine 输入信号消波故障
P0C511C	sine/cosine 输入信号超过电压阈值
P0C5200	sine/cosine 输入信号低于电压阈值
P0A4429	跟踪误差超过阈值
P170900	输入转速信号超过芯片最大跟踪速率
P150700	电机超速故障
P171000	角度跳变故障
P171100	信号失配错误
P171200	配置错误
P171300	奇偶校检错误
P171400	锁相错误

6.4.2 驱动电机旋变信号故障电路简图

驱动电机旋变信号故障电路简图如图 6-4-1 所示。

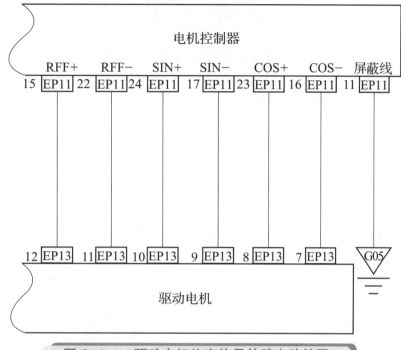

图 6-4-1　驱动电机旋变信号故障电路简图

6.4.3 诊断步骤

1）检测电机旋变的正弦、余弦、励磁电阻值。电机旋变的正弦、余弦、励磁电阻正常值如下。

①余弦：(14.5 ± 1.5) Ω。

②正弦：(13.5 ± 1.5) Ω。

③励磁：(9.5 ± 1.5) Ω。

2）检测驱动电机旋变信号屏蔽线路。

①操作起动开关，使电源模式至 OFF 状态。

②拆卸维修开关。

③操作起动开关，使电源模式至 ON 状态。

④断开电机控制器线束连接器 EP11。

⑤用万用表测量电机控制器线束连接器 EP11 的 10 号端子与车身接地之间的电阻（标准电阻：小于 1Ω），如图 6-4-2 所示。

⑥确认测量值是否符合标准。如不符合，则修理或更换线束。

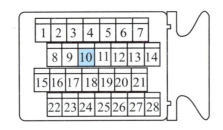

图 6-4-2　电机控制器线束连接器 EP11 的 10 号端子

3) 检测驱动电机余弦旋变信号线路。

① 操作起动开关，使电源模式至 OFF 状态。

② 拆卸维修开关。

③ 操作起动开关，使电源模式至 ON 状态。

④ 断开驱动电机线束连接器 EP13，如图 6-4-3 所示。

⑤ 断开电机控制器线束连接器 EP11，如图 6-4-4 所示。

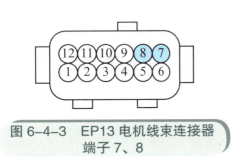

图 6-4-3　EP13 电机线束连接器端子 7、8

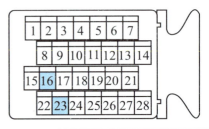

图 6-4-4　电机控制器线束连接器 EP11 的 16、23 号端子

⑥ 用万用表按表 6-4-2 进行测量。

表 6-4-2　测量标准值表（一）

测量位置 A	测量位置 B	测量标准值
EP13-7	EP11-16	标准电阻：小于 1Ω
EP13-8	EP11-23	
EP13-7	EP13-8	标准电阻：10kΩ 或更高
EP13-7	车身接地	
EP13-8	车身接地	
EP13-7	车身接地	标准电压：0V
EP13-8	车身接地	

⑦ 确认测量值是否符合标准。如不符合，则修理或更换线束。

4)检测驱动电机正弦旋变信号线路。

①操作起动开关,使电源模式至OFF状态。

②断开蓄电池负极电缆。

③拆卸维修开关。

④操作起动开关,使电源模式至ON状态。

⑤断开驱动电机线束连接器EP13,如图6-4-5所示。

⑥断开电机控制器线束连接器EP11,如图6-4-6所示。

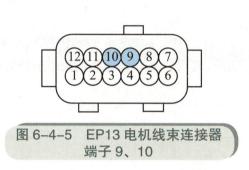

图6-4-5 EP13电机线束连接器端子9、10

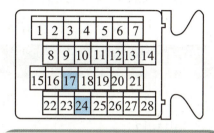

图6-4-6 电机控制器线束连接器EP11的17、24号端子

⑦用万用表按表6-4-3进行测量。

表6-4-3 测量标准值表(二)

测量位置A	测量位置B	测量标准值
EP13-9	EP11-17	标准电阻:小于1Ω
EP13-10	EP11-24	
EP13-9	EP13-10	标准电阻:10kΩ或更高
EP13-9	车身接地	
EP13-10	车身接地	
EP13-9	车身接地	标准电压:0V
EP13-10	车身接地	

⑧确认测量值是否符合标准。如不符合,则修理或更换线束。

5)检测驱动电机励磁旋变信号线路。

①操作起动开关使电源模式至OFF状态。

②断开蓄电池负极电缆。

③拆卸维修开关。

④操作起动开关,使电源模式至ON状态。

⑤断开驱动电机线束连接器EP13,如图6-4-7所示。

⑥断开电机控制器线束连接器EP11,如图6-4-8所示。

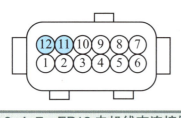

图 6-4-7　EP13 电机线束连接器
端子 11、12

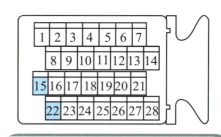

图 6-4-8　电机控制器线束连接器
EP11 的 15、22 号端子

⑦用万用表按表 6-4-4 进行测量。

表 6-4-4　测量标准值表（三）

测量位置 A	测量位置 B	测量标准值
EP13-11	EP11-22	标准电阻：小于 1Ω
EP13-12	EP11-15	
EP13-11	EP13-12	标准电阻：10kΩ 或更高
EP13-11	车身接地	
EP13-12	车身接地	
EP13-11	车身接地	标准电压：0V
EP13-12	车身接地	

⑧确认测量值是否符合标准。如不符合则修理或更换线束。

6）更换电机控制器。

①操作起动开关，使电源模式至 OFF 状态。

②断开蓄电池负极电缆。

③拆卸维修开关。

④更换电机控制器。

⑤确认故障排除。如果没有排除，则更换驱动电机。

拓展知识

1. 混合励磁电机的结构

混合励磁电机中存在两个磁动势源：永磁体磁动势和电励磁磁动势。在电机运行过程中，永磁体工作点基本不变，可近似将其看作一个恒定磁动势源；而电励磁磁动势的幅值和方向可调，可看作一个可变磁动势源，如图 6-4-9 所示。

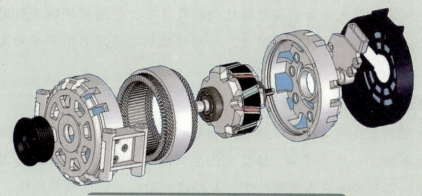

图6-4-9 混合励磁电机的结构

混合励磁电机有多种结构,按照永磁体磁动势和电励磁磁动势的相互作用关系,可以分为串励式、并励式和混励式。两个磁动势之间的相互作用关系直接影响混合励磁电机的性能。

1)磁动势串联结构的混合励磁电机在永磁体磁路上叠加一个电励磁磁动势源,对于电励磁磁动势源来说,永磁体相当于等厚的空气,过大的气隙会导致过大的励磁功率。另外,助磁时受铁芯饱和效应的影响,其助磁幅度受到限制;而弱磁时,由于永磁体矫顽力的限制,必须保证电励磁磁动势不会对永磁体产生不可逆退磁的危险,因此其弱磁范围不大。

总体上看,磁动势串联结构的混合励磁电机调磁范围有限,对永磁体有不可逆退磁的危险,且产生单位磁通的励磁功率较大,电机整体效率较低。不过,串励式结构混合励磁电机具有结构紧凑、漏磁小的优点。

2)并励式结构是指永磁电机和电励磁同步电机组合后共用一个定子铁芯和定子绕组。电机的转子有两种组合形式:一是永磁转子和电励磁转子沿轴向组合,可以通过调节两个转子的长度比例来达到所需的磁场调节范围;二是永磁转子和电励磁转子沿周向组合,即将电机分成若干组周向均匀、完全相同的单元电机,单元电机由永磁体磁极和电励磁磁极组成。永磁体磁极和电励磁磁极之间采取隔磁措施将两者磁路隔离,确保各自磁路相互独立。每单元电机的绕组形成一条电枢支路,各电枢支路之间可以串联、并联或混联,也可以单独运行。通过调节单元电机永磁体磁极与电励磁磁极的比例来控制磁场的调节范围。

并励式混合励磁电机的励磁损耗小、控制磁场能力强。同时,永磁体没有不可逆退磁的危险,然而,现有的并联式混合励磁电机仍然不尽如人意。如果轴向组合转子式混合励磁电机的励磁绕组一侧端部占据了定子铁芯和定子绕组的有效空间,则会降低材料的有效利用率,导致电机成本增大,效率降低。

3)混励式结构中,永磁体磁路和电励磁磁路基本上相互独立,电励磁磁动势不直接或很少一部分作用到永磁体上,只是在铁芯某部位共磁路,一般不会有永磁体不可逆退磁的危险。然而，现有混励式混合励磁电机结构比较复杂，电励磁绕组散热困难，不便于工程实践和产品化。同时，磁路长、漏磁大，电励磁控制磁场能力不如并励式结构混合励磁单机。

2. 混合励磁电机的工作原理

混合励磁电机的合成磁场由永磁体磁场和电励磁磁场两部分组成，永磁体磁场恒定难以调节，电励磁磁场方向双向可调，幅值变化范围广。与永磁电机相比，混合励磁电机可以在保持高效率、高密度等优点的前提下，大幅度地增加磁场的调节范围。

混合励磁电机有多种结构，磁场组合形式也各不相同。下面以轴向组合转子混合励磁电机为例，分析该电机的磁场调节原理。

轴向组合转子混合励磁电机的磁路结构是并联形式的，因此其永磁磁路和电励磁磁路相互独立。对于电励磁转子段，电励磁磁通经过转子磁极 N 极—气隙—定子铁芯—气隙—转子磁极 S 极—转子铁芯轴部，再回到转子磁极 N 极。对于永磁转子段，永磁体磁通经过永磁磁极 N 极—转子铁芯—气隙—定子铁芯—气隙—永磁体磁极 S 极—转子铁芯轴部，再回到永磁体磁极 N 极，如图 6-4-10 所示。

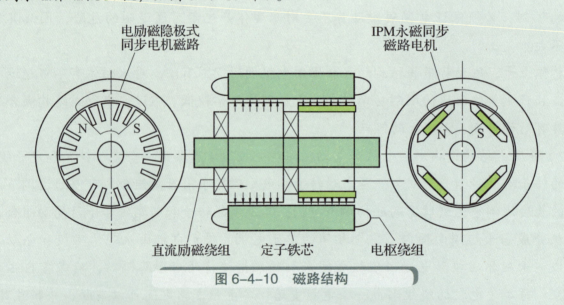

图 6-4-10 磁路结构

当通入某一方向的电励磁电流后，同一极下电励磁转子的极性和永磁体转子的极性相同，感应电动势增大，电机的每极磁通增大，电励磁起到了助磁的作用；而当通入反方向的励磁电流后，同一极下的两个转子磁极极性相反，电机的每极磁通被削弱，感应电动势也相应减小，电励磁电流起到了弱磁的作用。

学习任务5 检修驱动系统绝缘故障

学习目标

1）能描述相应的电路简图。

2）能描述相应故障的诊断步骤。

6.5.1 驱动系统绝缘故障电路简图

驱动系统绝缘故障电路简图如图6-5-1所示。

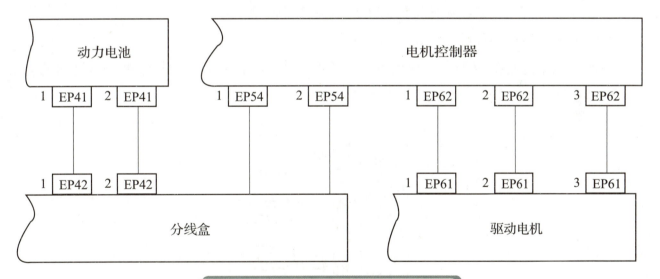

图6-5-1 驱动系统绝缘故障电路简图

6.5.2 诊断步骤

1）确认高压回路切断。

①操作起动开关，使电源模式至OFF状态。

②断开蓄电池负极电缆。

③拆卸维修开关。

④断开电机控制器高压线线束连接器 EP54，如图 6-5-2 所示。

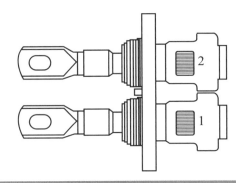

图 6-5-2　电机控制器高压线线束连接器 EP54

⑤等待 5min。

⑥用万用表检测电机控制器正负极电压（标准电压：≤5V）。如果不低于 5V，则等待电机电压下降。

2）检测电机绝缘阻值。

①操作起动开关，使电源模式至 OFF 状态。

②断开蓄电池负极电缆。

③拆卸维修开关。

④拆卸电机三相线束线束连接器 EP62（电机控制器侧）。

⑤将高压绝缘检测仪的挡位调至 1000V。

⑥用高压绝缘检测仪测量三相线束线束连接器 EP62 的 1 号端子与电机壳体之间的电阻（标准电阻：大于或等于 20MΩ），如图 6-5-3 所示。

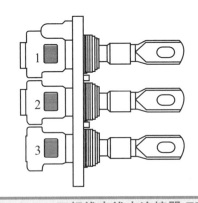

图 6-5-3　三相线束线束连接器 EP62

⑦用高压绝缘检测仪测量三相线束线束连接器 EP62 的 2 号端子与电机壳体之间的电阻（标准电阻：大于或等于 20MΩ）。

⑧用高压绝缘检测仪测量三相线束线束连接器 EP62 的 3 号端子与电机壳体之间的电阻（标准电阻：大于或等于 20MΩ）。

⑨确认测量值是否符合标准。如果不符合，则修理或更换线束。

⑩如果符合则绝缘阻值正常。

拓展知识

1. 新型驱动电机

磁阻电机、永磁电机、电力电子技术和计算机技术的发展，打破了传统的电机设计理论和正弦波电压源供电方式，电机驱动系统设计进入一个新的黄金时代。电机拓扑结构与控制方式的多样化，推动了新一代高密度宽调速电机驱动系统的发展，为新能源电机创新性的开发提供了新的内涵和助力。可应用于新能源汽车的新型驱动电机有双机械端口能量变换器、混合励磁电机、多相电机和轮毂/轮边电机。

1）双机械端口能量变换器是一种新型混合动力传动系统，具有灵活多样的运行模式，能使内燃机始终运行在高效区域，既提高了系统效率，又简化了混合动力传动系统结构。该驱动电机可应用于混合度较高的混合动力汽车中。

2）混合励磁电机通过改变电机的拓扑结构，使电机主磁场由永磁体和电励磁磁动势共同产生。它有效解决了永磁电机气隙磁场难以调节、电励磁效率低的缺点，实现了高效率前提下主磁场的调节和控制。混合励磁电机具有效率高、可靠性高、恒功率调速范围宽和变速恒压发电的优点，较好地符合新能源汽车的性能要求，在新能源汽车领域有着很好的应用前景。

3）多相电机及其调速传动系统是科技进步、学科交叉与融合的产物，是在以晶闸管为标志的电力电子技术形成以后，才出现和逐渐发展起来的。由逆变器供电的交流电机摆脱了三相电网供电的束缚，提高了调速系统的整体性能和可靠性。

4）分布式轮毂/轮边电机的独立驱动方式代表了未来先进新能源汽车驱动发展的方向，与集中式驱动系统相比，其布置灵活、动力传递路径短，具有强大的技术生命力和广阔的市场发展前景。随着相关基础科学问题研究的不断深入和关键技术问题的解决与完善，其必将走向市场，并在市场中占据重要地位。

2. 驱动电机发展现状

1）交流异步电机驱动系统：我国已建立了具有自主知识产权异步电机驱动系统的开发平台，形成了小批量生产的开发、制造、试验及服务体系；产品性能基本满足整车需求，大功率异步电机系统已广泛应用于各类电动客车；通过示范运行和小规模市场化应用，产品可靠性得到了初步验证。

2）开关磁阻电机驱动系统：国内已形成优化设计和自主研发能力，通过合理设计电机结构、改进控制技术，产品性能基本满足整车需求；部分公司已具备年产2000套的生产能力，能满足小批量配套需求，部分产品已配套整车示范运行，效果良好。

3）无刷直流电机驱动系统：国内企业通过合理设计及改进控制技术，有效提高了无刷直流电机产品性能，基本满足电动汽车需求；已初步具有机电一体化设计能力。

4）永磁同步电机驱动系统：国内已形成了一定的研发和生产能力，开发了不同系列产品，可应用于各类电动汽车；产品部分技术指标接近国际先进水平，但总体水平与国外仍有一定差距；基本具备永磁同步电机集成化设计能力；多数公司仍处于小规模试制生产，少数公司已投资建立车用驱动电机系统专用生产线。

参考文献

[1] 赵振宁,赵宇. 汽车电力驱动系统检修[M]. 北京:电子工业出版社,2018.

[2] 赵振宁,赵宏涛. 汽车电力驱动系统任务驱动合集[M]. 北京:电子工业出版社,2018.

[3] 吕冬明,杨运来. 新能源汽车电机及控制系统检修[M]. 北京:机械工业出版社,2020.

[4] 赵春晖,张炜炜. 混合动力汽车结构与检修[M]. 北京:化学工业出版社,2017.

[5] 粟盈. 汽车车身电气设备检修[M]. 北京:北京理工大学出版社,2017.

目 录

学习情境 1 驱动电机的认知 ………………………………………………………… 1
- 学习任务 1 认知新能源汽车驱动电机 ………………………………………… 1
- 学习任务 2 认知电传动系统的典型结构 ……………………………………… 3

学习情境 2 典型驱动电机的工作原理 ……………………………………………… 7
- 学习任务 1 认知交流异步电机 ………………………………………………… 7
- 学习任务 2 认知永磁同步电机 ………………………………………………… 9
- 学习任务 3 认知开关磁阻电机 ………………………………………………… 10
- 学习任务 4 认知电机转速传感器 ……………………………………………… 12

学习情境 3 驱动电机的检修 ………………………………………………………… 14
- 学习任务 1 驱动电机更换 ……………………………………………………… 14
- 学习任务 2 驱动电机的检修 …………………………………………………… 17

学习情境 4 电的转换 ………………………………………………………………… 19
- 学习任务 1 认知 AC-DC 变换电路 …………………………………………… 19
- 学习任务 2 认知 DC-DC 变换电路 …………………………………………… 21
- 学习任务 3 认知 DC-AC 变换电路 …………………………………………… 22

学习情境 5 电机控制器 ……………………………………………………………… 24
- 学习任务 1 认知电机控制器 …………………………………………………… 24
- 学习任务 2 电机控制器性能检测 ……………………………………………… 26
- 学习任务 3 认知电机能量回收系统 …………………………………………… 27

学习情境 6 电机控制系统检修 ……………………………………………………… 30
- 学习任务 1 检修电机控制器供电回路故障 …………………………………… 30
- 学习任务 2 检修电机控制器通信故障 ………………………………………… 31
- 学习任务 3 检修驱动系统过温故障 …………………………………………… 34
- 学习任务 4 检修电机旋变信号的故障 ………………………………………… 35
- 学习任务 5 检修驱动系统绝缘故障 …………………………………………… 37

学习情境 1　驱动电机的认知

学习任务 1　认知新能源汽车驱动电机

【技能目标】

1）能够结合实物描述某款电动汽车电机的工作原理。

2）能够结合实物分辨出不同类型的电机驱动系统。

【素养目标】

1）能够在工作过程中与小组其他成员合作、交流，养成团队合作意识，锻炼沟通能力。

2）养成 7S 的工作习惯。

3）养成服从管理，规范作业的良好工作习惯。

【任务描述】

某客户新买了一辆吉利帝豪 EV450 轿车，但该客户缺乏对该车辆的了解。作为专业人员，你需要从电机术语和定义、电动汽车电机驱动系统的组成和电动汽车用驱动电机的分类等方面对客户进行讲解。

【任务分析】

作为专业人员，你应该掌握电机术语和定义、电动汽车电机驱动系统的组成和电动汽车用驱动电机的分类等方面的知识，能够结合实物描述某款电动汽车电机的工作原理，并结合实物分辨出不同类型的电机驱动系统。

【任务实施】

1. 结合所学内容，解释表 1-1-1 中的电机术语。

表 1-1-1　电机术语和定义

序号	术语	解释
1	驱动电机系统	
2	驱动电机	
3	驱动电机控制器	
4	直流母线电压	
5	最高工作电压	

2. 结合所学内容，填写表1-1-2电动汽车电机驱动系统的组成。

表1-1-2 电动汽车电机驱动系统的组成

序号	组成	名称	特点
1	高压线接口、后端盖、永磁转子、线圈、离合器		
2			
3			
4	储能装置、电机控制器（软件 VVVF FOC、硬件 微处理器 微控制器 DSP）、功能变换器（器件 IGBT MOSFET GTO MCT、拓扑 斩波器 逆变器 谐振）、电机（CAD FEM EM 力 热 图解法、类型 DC IM SRM PMSM）、传动装置和差速器		

3. 根据所学，补全图 1-1-1 中空白。

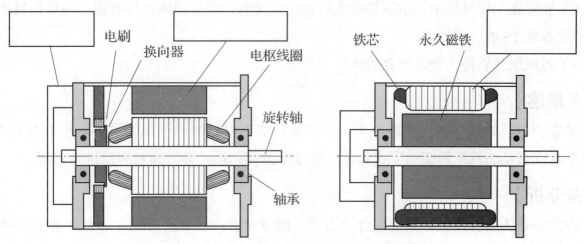

图 1-1-1 永磁式直流电机的结构示意图

【任务评价】

根据表 1-1-3 对本任务实施过程进行评价。

表 1-1-3 任务评价表

序号	检查项目	自我评价	小组评价	教师评价	备注
1	任务 1（20 分）				
2	任务 2（20 分）				
3	任务 3（20 分）				
4	遵守纪律（10 分）				
5	做好 7S 管理工作（10 分）				
6	完成本工作任务单的全部内容（20 分）				
	合计				
	总分				

学习任务 2 认知电传动系统的典型结构

【技能目标】

1）能够结合实物描述串联式混合动力驱动单元。
2）能够结合实物分辨出混合动力汽车的驱动形式。

【素养目标】

1) 能够在工作过程中与小组其他成员合作、交流,养成团队合作意识,锻炼沟通能力。
2) 养成 7S 的工作习惯。
3) 养成服从管理,规范作业的良好工作习惯。

【任务描述】

某客户打算购买一辆新能源汽车,但该客户缺乏对新能源汽车的了解。作为专业人员,你需要从混合动力汽车的驱动形式和纯电动汽车的驱动形式等方面对客户进行讲解。

【任务分析】

作为专业人员,你应该掌握混合动力汽车的驱动形式、串联式混合动力驱动单元和并联式混合动力驱动单元等方面的知识,能够结合实物描述串联式混合动力驱动单元,能够结合实物分辨出混合动力汽车的驱动形式。

【任务实施】

1. 结合所学内容,描述混合动力汽车的三种驱动形式。

2. 结合所学内容,补全图 1-2-1 中空白。

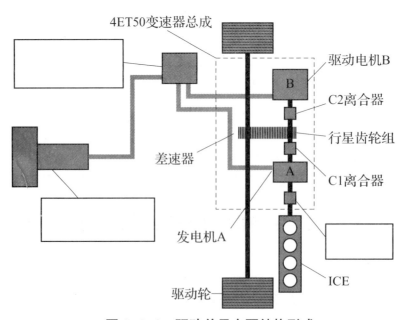

图 1-2-1 驱动单元主要结构形式

3. 结合所学内容，填写表 1-2-1 中对应的名称和特点。

表 1-2-1　采用混联形式的普锐斯混合动力汽车的运行模式及特点

序号	模式	名称	特点
1	（发动机、MG1、MG2、动力分配行星组件示意图）		
2	（发动机、MG1、MG2、动力分配行星组件示意图）		
3	（发动机、MG1、MG2、动力分配行星组件示意图）		

【任务评价】

根据表1-2-2对本任务实施过程进行评价。

表1-2-2 任务评价表

序号	检查项目	自我评价	小组评价	教师评价	备注
1	任务1（20分）				
2	任务2（20分）				
3	任务3（20分）				
4	遵守纪律（10分）				
5	做好7S管理工作（10分）				
6	完成本工作任务单的全部内容（20分）				
	合计				
	总分				

学习情境2　典型驱动电机的工作原理

学习任务1　认知交流异步电机

【技能目标】

1）能够结合实物描述三相异步电机的结构。

2）能够结合实物描述三相异步电机的工作原理。

【素养目标】

1）能够在工作过程中与小组其他成员合作、交流，养成团队合作意识，锻炼沟通能力。

2）养成7S的工作习惯。

3）养成服从管理，规范作业的良好工作习惯。

【任务描述】

某客户新买了一辆新能源汽车，配备交流异步电机，该客户缺乏对该车辆的了解。作为专业人员，你需要从三相异步电机的结构、三相异步电机的工作原理和三相异步电机的铭牌数据等方面对客户进行讲解。

【任务分析】

作为专业人员，你应该掌握三相异步电机的结构、三相异步电机的工作原理和三相异步电机的铭牌数据等方面的知识，能够结合实物描述三相异步电机的结构，能够结合实物描述三相异步电机的工作原理。

【任务实施】

1. 结合所学内容，补全图2-1-1中空白。

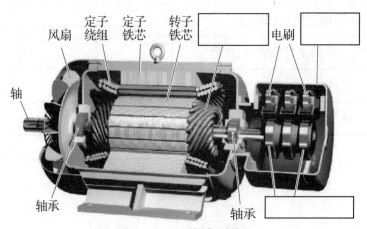

图2-1-1　绕线型绕组

2. 结合所学内容，补全图 2-1-1 中空白。

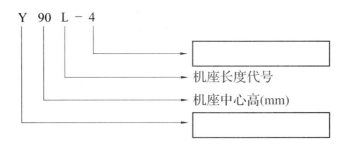

图 2-1-2 三相异步电机型号中各个字母及数字的含义

3. 写出三相异步电机的六个特点。

【任务评价】

根据表 2-1-1 对本任务实施过程进行评价。

表 2-1-1 任务评价表

序号	检查项目	自我评价	小组评价	教师评价	备注
1	任务1（20分）				
2	任务2（20分）				
3	任务3（20分）				
4	遵守纪律（10分）				
5	做好7S管理工作（10分）				
6	完成本工作任务单的全部内容（20分）				
	合计				
	总分				

学习任务2 认知永磁同步电机

【技能目标】
1）能够结合实物描述永磁同步电机的结构。
2）能够结合实物描述永磁同步电机的工作原理。

【素养目标】
1）能够在工作过程中与小组其他成员合作、交流，养成团队合作意识，锻炼沟通能力。
2）养成7S的工作习惯。
3）养成服从管理，规范作业的良好工作习惯。

【任务描述】
某客户新买了一辆新能源汽车，配备永磁同步电机，该客户缺乏对该车辆的了解。作为专业人员，你需要从永磁同步电机的结构、永磁同步电机的工作原理和永磁同步电机的铭牌数据等方面对客户进行讲解。

【任务分析】
作为专业人员，你应该掌握永磁同步电机的结构、永磁同步电机的工作原理和永磁同步电机的铭牌数据等方面的知识，能够结合实物描述永磁同步电机的结构，能够结合实物描述永磁同步电机的工作原理。

【任务实施】
1. 结合所学内容，补全图2-2-1中空白。
2. 结合所学内容，补全图2-2-2中空白。

图2-2-1 永磁同步电机

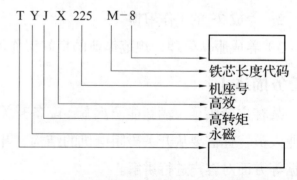

图2-2-2 永磁同步电机型号中各个字母及数字的含义

3. 写出永磁同步电机的七个优点。

【任务评价】

根据表 2-2-1 对本任务实施过程进行评价。

表 2-2-1 任务评价表

序号	检查项目	自我评价	小组评价	教师评价	备注
1	任务1（20分）				
2	任务2（20分）				
3	任务3（20分）				
4	遵守纪律（10分）				
5	做好7S管理工作（10分）				
6	完成本工作任务单的全部内容（20分）				
	合计				
	总分				

学习任务3 认知开关磁阻电机

【技能目标】

1）能够结合实物描述开关磁阻电机的结构。
2）能够结合实物描述开关磁阻电机的工作原理。

【素养目标】

1）能够在工作过程中与小组其他成员合作、交流，养成团队合作意识，锻炼沟通能力。
2）养成7S的工作习惯。
3）养成服从管理，规范作业的良好工作习惯。

【任务描述】

某客户新买了一辆新能源汽车，配备开关磁阻电机，该客户缺乏对该车辆的了解。作为专业人员，你需要从开关磁阻电机的结构、开关磁阻电机的工作原理和开关磁阻电机的铭牌数据等方面对客户进行讲解。

【任务分析】

作为专业人员，你应该掌握开关磁阻电机的结构、开关磁阻电机的工作原理和开关磁阻电机的铭牌数据等方面的知识，能够结合实物描述开关磁阻电机的结构，能够结合实物描述开关磁阻电机的工作原理。

【任务实施】

1. 结合所学内容，补全图 2-3-1 中空白。
2. 结合所学内容，补全图 2-3-2 中空白。

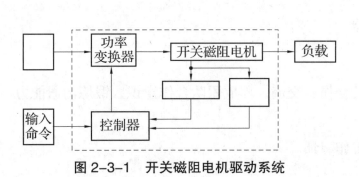

图 2-3-1　开关磁阻电机驱动系统

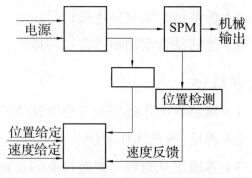

图 2-3-2　开关磁阻电机控制系统的结构

3. 写出五种开关磁阻电机的功率变换器并分析特点。

【任务评价】

根据表 2-3-1 对本任务实施过程进行评价。

表 2-3-1　任务评价表

序号	检查项目	自我评价	小组评价	教师评价	备注
1	任务 1（20 分）				
2	任务 2（20 分）				
3	任务 3（20 分）				
4	遵守纪律（10 分）				
5	做好 7S 管理工作（10 分）				
6	完成本工作任务单的全部内容（20 分）				
	合计				
	总分				

学习任务4　认知电机转速传感器

【技能目标】

1）能够结合实物描述旋转变压器。

2）能够结合实物描述霍尔转速传感器。

【素养目标】

1）能够在工作过程中与小组其他成员合作、交流，养成团队合作意识，锻炼沟通能力。

2）养成 7S 的工作习惯。

3）养成服从管理，规范作业的良好工作习惯。

【任务描述】

某客户新买了一辆新能源轿车，但该客户缺乏对该车辆的了解。作为专业人员，你需要从旋转变压器、霍尔转速传感器和电磁式转速传感器等方面对客户进行讲解。

【任务分析】

作为专业人员，你应该掌握旋转变压器、霍尔转速传感器和电磁式转速传感器等方面的知识，能够结合实物描述旋转变压器和霍尔转速传感器。

【任务实施】

1. 结合所学内容，补全图 2-4-1 中空白。

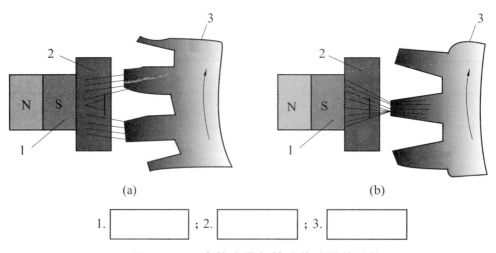

1. _____ ; 2. _____ ; 3. _____

图 2-4-1　齿轮式霍尔转速传感器的结构

2. 结合所学内容，在以下方框内填入正确的内容。

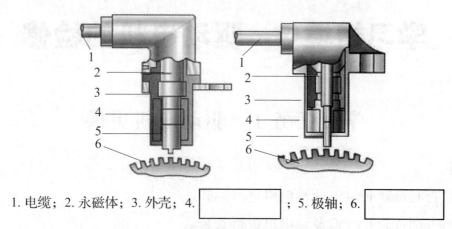

1. 电缆；2. 永磁体；3. 外壳；4. _____；5. 极轴；6. _____

图 2-4-2　电磁式转速传感器的结构

3. 写出三种电机转速传感器的优缺点。

【任务评价】

根据表 2-4-1 对本任务实施过程进行评价。

表 2-4-1　任务评价表

序号	检查项目	自我评价	小组评价	教师评价	备注
1	任务 1（20 分）				
2	任务 2（20 分）				
3	任务 3（20 分）				
4	遵守纪律（10 分）				
5	做好 7S 管理工作（10 分）				
6	完成本工作任务单的全部内容（20 分）				
	合计				
	总分				

学习情境 3　驱动电机的检修

学习任务 1　驱动电机更换

【技能目标】

1）能够对吉利帝豪 EV450 驱动电机进行拆卸。

2）能够对吉利帝豪 EV450 驱动电机进行安装。

【素养目标】

1）能够在工作过程中与小组其他成员合作、交流，养成团队合作意识，锻炼沟通能力。

2）养成 7S 的工作习惯。

3）养成服从管理，规范作业的良好工作习惯。

【任务描述】

某客户的吉利帝豪 EV450 轿车无法行驶，经专业技师检查后，确定是驱动电机故障，需要对驱动电机进行更换。作为专业人员，你能完成这个任务吗？

【任务分析】

作为专业人员，你应该掌握吉利帝豪 EV450 驱动电机简介、吉利帝豪 EV450 驱动电机拆卸程序和吉利帝豪 EV450 驱动电机安装程序等方面的知识，能够对吉利帝豪 EV450 驱动电机进行拆卸和安装。

【任务实施】

1.结合所学内容，补全图 3-1-1 空白。

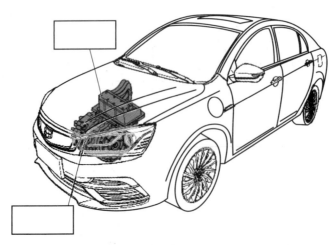

图 3-1-1　吉利帝豪 EV450 驱动电机

2. 结合所学内容，补全图 3-1-2 中空白。

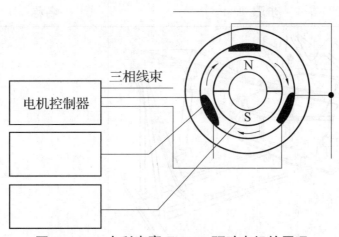

图 3-1-2　吉利帝豪 EV450 驱动电机的原理

3. 结合所学内容，根据表 3-1-1 中图片写出相应的操作步骤名称和特点。

表 3-1-1　吉利帝豪 EV450 驱动电机的拆卸程序

序号	步骤	名称	特点
1			
2			
3			

续表

序号	步骤	名称	特点
4	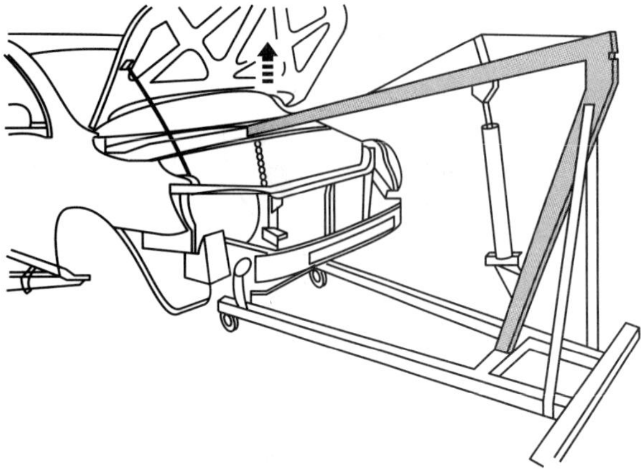		

【任务评价】

根据表 3-1-2 对本任务实施过程进行评价。

表 3-1-2 任务评价表

序号	检查项目	自我评价	小组评价	教师评价	备注
1	遵守安全操作规范（10分）				
2	态度端正，工作认真，按步骤操作（10分）				
3	任务1（10分）				
4	任务2（10分）				
5	任务3（20分）				
6	遵守纪律（10分）				
7	做好7S管理工作（10分）				
8	完成本工作任务单的全部内容（20分）				
	合计				
	总分				

学习任务 2　驱动电机的检修

【技能目标】

1）能够进行驱动电机三相线束是否相互短路检测。

2）能够进行驱动电机三相线绝缘电阻检测。

【素养目标】

1）能够在工作过程中与小组其他成员合作、交流，养成团队合作意识，锻炼沟通能力。

2）养成 7S 的工作习惯。

3）养成服从管理，规范作业的良好工作习惯。

【任务描述】

某客户的吉利帝豪 EV450 轿车无法行驶，客户要求专业技师对车辆进行检查。作为专业人员，你需要对车辆的电机性能参数进行测量，并对驱动电机三相线束是否相互短路进行检测。你能完成这个任务吗？

【任务分析】

作为专业人员，你应该掌握驱动电机主要技术性能评价参数、驱动电机基本电量参数的检测和电机性能参数的测量等方面的知识，能够进行驱动电机三相线束是否相互短路检测，以及驱动电机三相线绝缘电阻检测。

【任务实施】

1.结合所学内容，补全图 3-2-1 中空白。

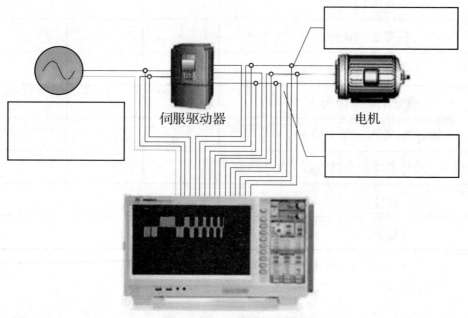

图 3-2-1　功率分析仪

2. 结合所学内容，补全表 3-2-1 中空白。

表 3-2-1　测量标准值表

测量位置 A	测量位置 B	测量标准值
EP61-1	EP61-2	标准电阻：
EP61-1	EP61-3	
EP61-2	EP61-3	

3. 写出驱动电机三相线绝缘电阻检测的步骤。

【任务评价】

根据表 3-2-2 对本任务实施过程进行评价。

表 3-2-2　任务评价表

序号	检查项目	自我评价	小组评价	教师评价	备注
1	遵守安全操作规范（10分）				
2	态度端正，工作认真，按步骤操作（10分）				
3	任务1（10分）				
4	任务2（10分）				
5	任务3（20分）				
6	遵守纪律（10分）				
7	做好7S管理工作（10分）				
8	完成本工作任务单的全部内容（20分）				
	合计				
	总分				

学习情境 4　电的转换

学习任务 1　认知 AC-DC 变换电路

【技能目标】

1）能够结合实物描述 AC-DC 变换器概述。

2）能够结合实物描述单相半波整流电路。

【素养目标】

1）能够在工作过程中与小组其他成员合作、交流，养成团队合作意识，锻炼沟通能力。

2）养成 7S 的工作习惯。

3）养成服从管理，规范作业的良好工作习惯。

【任务描述】

某学员要学习新能源汽车维修技术，想从基础理论学起。作为专业人员，你需要从 AC-DC 变换器概述、单相半波整流电路和单相桥式整流电路等方面对学员进行讲解。

【任务分析】

作为专业人员，你应该掌握 AC-DC 变换器概述、单相半波整流电路和单相桥式整流电路等方面的知识，能够结合实物描述 AC-DC 变换器概述和单相半波整流电路。

【任务实施】

1.结合所学内容，补全图 4-1-1 中空白。

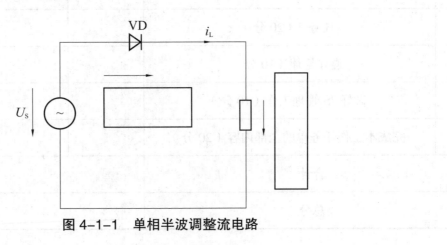

图 4-1-1　单相半波调整流电路

2. 结合所学内容，补全图 4-1-2 中空白。

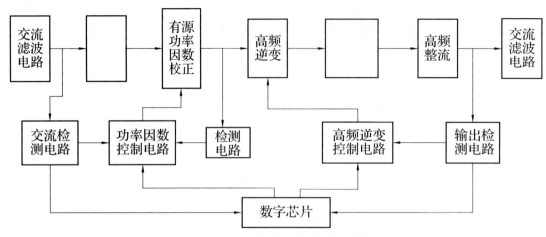

图 4-1-2 车载充电机的电路结构

3. 描述电流型整流电路的优点和缺点。

【任务评价】

根据表 4-1-1 对本任务实施过程进行评价。

表 4-1-1 任务评价表

序号	检查项目	自我评价	小组评价	教师评价	备注
1	任务1（20分）				
2	任务2（20分）				
3	任务3（20分）				
4	遵守纪律（10分）				
5	做好7S管理工作（10分）				
6	完成本工作任务单的全部内容（20分）				
	合计				
	总分				

学习任务2 认知DC-DC变换电路

【技能目标】

1）能够结合实物描述DC-DC降压斩波电路。

2）能够结合实物描述DC-DC升压斩波电路。

【素养目标】

1）能够在工作过程中与小组其他成员合作、交流，养成团队合作意识，锻炼沟通能力。

2）养成7S的工作习惯。

3）养成服从管理，规范作业的良好工作习惯。

【任务描述】

某学员要学习新能源汽车维修技术，想从基础理论学起。作为专业人员，你需要从DC-DC变换器概述、DC-DC变换器工作原理和DC-DC降压斩波电路等方面对学员进行讲解。

【任务分析】

作为专业人员，你应该掌握DC-DC变换器概述、DC-DC变换器工作原理和DC-DC降压斩波电路等方面的知识，能够结合实物描述DC-DC降压斩波电路和DC-DC升压斩波电路。

【任务实施】

1. 结合所学内容，补全图4-2-1中空白。

2. 结合所学内容，补全图4-2-2中空白。

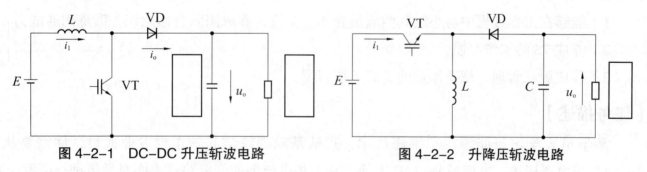

图4-2-1 DC-DC升压斩波电路　　　　图4-2-2 升降压斩波电路

3. 描述DC-DC变换器的应用。

【任务评价】

根据表 4-2-1 对本任务实施过程进行评价。

表 4-2-1 任务评价表

序号	检查项目	自我评价	小组评价	教师评价	备注
1	任务 1（20分）				
2	任务 2（20分）				
3	任务 3（20分）				
4	遵守纪律（10分）				
5	做好 7S 管理工作（10分）				
6	完成本工作任务单的全部内容（20分）				
	合计				
	总分				

学习任务 3　认知 DC-AC 变换电路

【技能目标】

1）能够结合实物描述电压型 DC-AC 变换器。

2）能够结合实物描述电流型 DC-AC 变换器。

【素养目标】

1）能够在工作过程中与小组其他成员合作、交流，养成团队合作意识，锻炼沟通能力。

2）养成 7S 的工作习惯。

3）养成服从管理，规范作业的良好工作习惯。

【任务描述】

某学员要学习新能源汽车维修技术，想从基础理论学起。作为专业人员，你需要从 DC-AC 变换器概述、电流型 DC-AC 变换器和三相电流型逆变电路等方面对学员进行讲解。

【任务分析】

作为专业人员，你应该掌握 DC-AC 变换器概述、电压型 DC-AC 变换器和电流型 DC-AC 变换器等方面的知识，能够结合实物描述电压型 DC-AC 变换器和电流型 DC-AC 变换器。

【任务实施】

1. 结合所学内容，补全图 4-3-1 中空白。

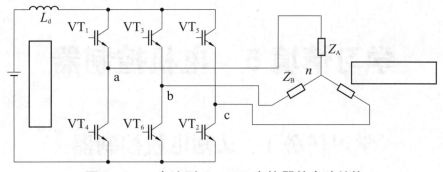

图 4-3-1 电流型 DC-AC 变换器的电路结构

2. 结合所学内容，补全表 4-3-1 中空白。

表 4-3-1 各开关器件通断规律

工作状态	各状态下导通的开关器件					
状态 1	VT$_6$	VT$_1$	—	—	—	—
状态 2	—	VT$_1$	VT$_2$	—	—	—
状态 3	—	—			—	—
状态 4	—	—	—	—	VT$_4$	—
状态 5	—	—	—	—	VT$_4$	—
状态 6	VT$_6$	—	—	—	—	VT$_5$

3. 描述电压型 DC-AC 变换器的原理。

【任务评价】

根据表 4-3-2 对本任务实施过程进行评价。

表 4-3-2 任务评价表

序号	检查项目	自我评价	小组评价	教师评价	备注
1	任务 1（20 分）				
2	任务 2（20 分）				
3	任务 3（20 分）				
4	遵守纪律（10 分）				
5	做好 7S 管理工作（10 分）				
6	完成本工作任务单的全部内容（20 分）				
	合计				
	总分				

学习情境 5　电机控制器

学习任务 1　认知电机控制器

【技能目标】

1）能够结合实物描述吉利帝豪 EV450 电机控制器结构。

2）能够结合实物描述吉利帝豪 EV450 电机控制器功能。

【素养目标】

1）能够在工作过程中与小组其他成员合作、交流，养成团队合作意识，锻炼沟通能力。

2）养成 7S 的工作习惯。

3）养成服从管理，规范作业的良好工作习惯。

【任务描述】

某客户新买了一吉利帝豪 EV450 轿车，但该客户缺乏对该车辆的了解。作为专业人员，你需要从电机控制器概述、电机控制器结构和电机控制器功能等方面对客户进行讲解。

【任务分析】

作为专业人员，你应该掌握电机控制器概述、电机控制器结构和电机控制器功能等方面的知识，能够结合实物描述吉利帝豪 EV450 电机控制器结构和电机控制器功能。

【任务实施】

1.结合所学内容，补全图 5-1-1 中空白。

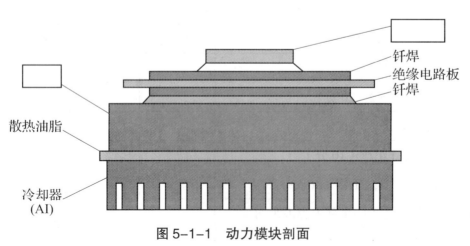

图 5-1-1　动力模块剖面

2. 结合所学内容，补全图 5-1-2 中空白。

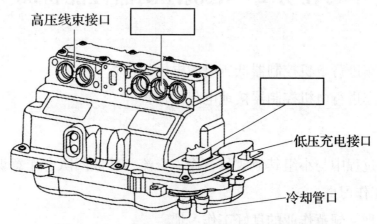

图 5-1-2　吉利帝豪 EV450 电机控制器结构

3. 描述吉利帝豪 EV450 电机控制器功能。

【任务评价】

根据表 5-1-1 对本任务实施过程进行评价。

表 5-1-1　任务评价表

序号	检查项目	自我评价	小组评价	教师评价	备注
1	任务 1（20 分）				
2	任务 2（20 分）				
3	任务 3（20 分）				
4	遵守纪律（10 分）				
5	做好 7S 管理工作（10 分）				
6	完成本工作任务单的全部内容（20 分）				
	合计				
	总分				

学习任务 2　电机控制器性能检测

【技能目标】

1）能够结合实车进行电机控制器低压电源电压的检查。

2）能够结合实车进行电机控制器接地电阻的检查。

【素养目标】

1）能够在工作过程中与小组其他成员合作、交流，养成团队合作意识，锻炼沟通能力。

2）养成 7S 的工作习惯。

3）养成服从管理，规范作业的良好工作习惯。

【任务描述】

某客户的吉利帝豪 EV450 轿车无法行驶，初步判定为电机控制器故障，4S 店派工让你对该车辆的电机控制器进行检测。你能完成这个任务吗？

【任务分析】

作为专业人员，你应该掌握电机控制器保险丝的检查方法、电机控制器低压电源电压的检查方法和电机控制器接地电阻的检查方法等方面的知识，能够结合实车进行电机控制器低压电源电压的检查，能够结合实车进行电机控制器接地电阻的检查。

【任务实施】

1. 描述电机控制器低压电源电压的检测步骤。

2. 描述电机控制器接地电阻的检查步骤。

3. 描述分线盒线束的检查步骤。

【任务评价】

根据表 5-2-1 对本任务实施过程进行评价。

表 5-2-1 任务评价表

序号	检查项目	自我评价	小组评价	教师评价	备注
1	遵守安全操作规范（10分）				
2	态度端正，工作认真，按步骤操作（10分）				
3	任务1（10分）				
4	任务2（10分）				
5	任务3（20分）				
6	遵守纪律（10分）				
7	做好7S管理工作（10分）				
8	完成本工作任务单的全部内容（20分）				
	合计				
	总分				

学习任务3 认知电机能量回收系统

【技能目标】

1）能够结合实物描述某款电动汽车的汽车能量回收系统。
2）能够结合实物分辨出某款电动汽车的制动能量回收方法。

【素养目标】

1）能够在工作过程中与小组其他成员合作、交流，养成团队合作意识，锻炼沟通能力。
2）养成7S的工作习惯。
3）养成服从管理，规范作业的良好工作习惯。

【任务描述】

某客户新买了一吉利帝豪EV450轿车，但该客户缺乏对该车辆能量回收系统的了解。作为专业人员，你需要从新能源汽车能量回收系统、制动能量回收的影响因素和制动能量回收方法等方面对客户进行讲解。

【任务分析】

作为专业人员，你应该掌握新能源汽车能量回收系统、制动能量回收的影响因素和制动能量回收方法等方面的知识，能够结合实物描述某款电动汽车的汽车能量回收系统，并分辨出某款电动汽车的制动能量回收方法。

【任务实施】

1. 结合所学内容，补全图 5-3-1 中空白。

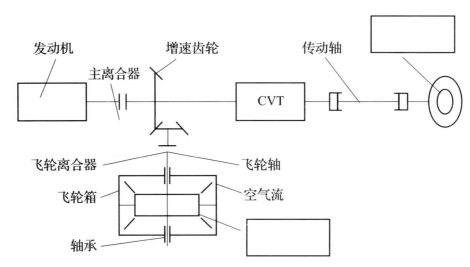

图 5-3-1　飞轮储能式制动能量回收系统示意图

2. 结合所学内容，补全图 5-3-2 中空白。

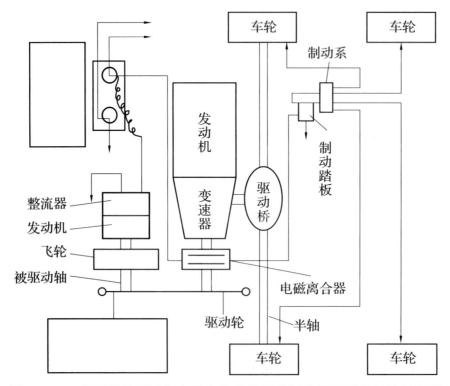

图 5-3-2　用于前轮驱动汽车的电化学储能式制动能量回收系统示意图

3. 描述制动能量回收系统的工作原理。

【任务评价】

根据表 5-3-1 对本任务实施过程进行评价。

表 5-3-1　任务评价表

序号	检查项目	自我评价	小组评价	教师评价	备注
1	任务 1（20 分）				
2	任务 2（20 分）				
3	任务 3（20 分）				
4	遵守纪律（10 分）				
5	做好 7S 管理工作（10 分）				
6	完成本工作任务单的全部内容（20 分）				
	合计				
	总分				

学习情境 6　电机控制系统检修

学习任务 1　检修电机控制器供电回路故障

【技能目标】

1）能够进行相应电路的识读。

2）能够结合车进行相应故障的检修。

【素养目标】

1）能够在工作过程中与小组其他成员合作、交流，养成团队合作意识，锻炼沟通能力。

2）养成 7S 的工作习惯。

3）养成服从管理，规范作业的良好工作习惯。

【任务描述】

某客户的吉利帝豪 EV450 轿车无法行驶，经初步诊断为电机控制器供电回路故障。作为专业人员，你能对该故障进行检修吗？

【任务分析】

作为专业人员，你应该掌握相应的故障代码、相应的电路简图和相应故障的诊断步骤等方面的知识，能够进行相应电路的识读，并结合车进行相应故障的检修。

【任务实施】

1. 结合所学内容，补全表 6-1-1 中空白。

表 6-1-1　电控制器低压供电回路故障故障代码

故障码	说明
P056300	
P056200	蓄电池电压欠电压故障
P113600	

2. 描述电机控制器电源电压的检查步骤。

3. 描述电机控制器接地电阻的检查步骤。

【任务评价】

根据表 6-1-2 对本任务实施过程进行评价。

表 6-1-2 任务评价表

序号	检查项目	自我评价	小组评价	教师评价	备注
1	遵守安全操作规范（10分）				
2	态度端正，工作认真，按步骤操作（10分）				
3	任务1（10分）				
4	任务2（10分）				
5	任务3（20分）				
6	遵守纪律（10分）				
7	做好7S管理工作（10分）				
8	完成本工作任务单的全部内容（20分）				
	合计				
	总分				

学习任务2 检修电机控制器通信故障

【技能目标】

1）能够进行相应电路的识读。

2）能够结合车进行相应故障的检修。

【素养目标】

1）能够在工作过程中与小组其他成员合作、交流，养成团队合作意识，锻炼沟通能力。

2）养成7S的工作习惯。

3）养成服从管理，规范作业的良好工作习惯。

【任务描述】

某客户的吉利帝豪EV450轿车无法行驶，经初步诊断为电机控制器通信故障。作为专业人员,你能对该故障进行检修吗?

【任务分析】

作为专业人员,你应该掌握相应的故障代码、相应的电路简图和相应故障的诊断步骤等方面的知识,能够进行相应电路的识读,并结合车进行相应故障的检修。

【任务实施】

1. 结合所学内容,补全表6-2-1中空白。

表6-2-1 电机控制器通信故障故障代码

故障码	说明
U007388	hybrid CAN 发生 BusOff 故障
U007387	
U120000	ID 1B6 接收超时
U120100	ID 1B6 长度错误
U120200	ID 1B6 校验和错误
U120300	
U120400	ID 1CA 接收超时
U120500	ID 1CA 长度错误
U120600	ID 1CA 校验和错误
U120700	ID 1CA 循环计数错误
U120800	
U120900	ID 364 长度错误
U120A00	ID 364 校验和错误
U120B00	ID 364 循环计数错误
U110000	ID 230 BMS_General 帧超过一段时间
U110100	ID 230 BMS_General DLC 长度错误
U110200	ID 230 BMS_General 校验和错误
U110300	ID 230 BMS_General 循环计数错误
U110400	ID 246 帧接收超过一段时间
U110500	ID 2A6 长度错误
U130000	ID 2A8 接收超时
U130100	ID 2A8 长度错误
U130200	ID 2A8 校验和错误

续表

故障码	说明
U130300	ID 2A8 循环计数错误
U110600	ID 2A6 校验和错误
U110700	ID 2A6 循环计数错误

2. 描述电机控制器通信屏蔽线路的检查步骤。

3. 描述电机控制器通信线路的检查步骤。

【任务评价】

根据表 6-2-2 对本任务实施过程进行评价。

表 6-2-2 任务评价表

序号	检查项目	自我评价	小组评价	教师评价	备注
1	遵守安全操作规范（10分）				
2	态度端正，工作认真，按步骤操作（10分）				
3	任务1（10分）				
4	任务2（10分）				
5	任务3（20分）				
6	遵守纪律（10分）				
7	做好7S管理工作（10分）				
8	完成本工作任务单的全部内容（20分）				
	合计				
	总分				

学习任务 3　检修驱动系统过温故障

【技能目标】

1）能够进行相应电路的识读。

2）能够结合车进行相应故障的检修。

【素养目标】

1）能够在工作过程中与小组其他成员合作、交流，养成团队合作意识，锻炼沟通能力。

2）养成 7S 的工作习惯。

3）养成服从管理，规范作业的良好工作习惯。

【任务描述】

某客户的吉利帝豪 EV450 轿车无法行驶，经初步诊断为驱动系统过温故障。作为专业人员，你能对该故障进行检修吗？

【任务分析】

作为专业人员，你应该掌握相应的故障代码、相应的电路简图和相应故障的诊断步骤等方面的知识，能够进行相应电路的识读，能够结合车进行相应故障的检修。

【任务实施】

1. 结合所学内容，补全表 6-3-1 中空白。

表 6-3-1　电机过温故障故障代码

故障码	说明
P0A9300	
P0A2C00	定子温度最大值超过阈值
P0A2D00	

2. 描述驱动电机信号屏蔽线路的检查步骤。

3. 描述电机温度传感器 2 信号线路的检查步骤。

【任务评价】

根据表 6-3-2 对本任务实施过程进行评价。

表 6-3-2 任务评价表

序号	检查项目	自我评价	小组评价	教师评价	备注
1	遵守安全操作规范（10分）				
2	态度端正，工作认真，按步骤操作（10分）				
3	任务1（10分）				
4	任务2（10分）				
5	任务3（20分）				
6	遵守纪律（10分）				
7	做好7S管理工作（10分）				
8	完成本工作任务单的全部内容（20分）				
	合计				
	总分				

学习任务4　检修电机旋变信号的故障

【技能目标】

1）能够进行相应电路的识读。

2）能够结合车进行相应故障的检修。

【素养目标】

1）能够在工作过程中与小组其他成员合作、交流，养成团队合作意识，锻炼沟通能力。

2）养成7S的工作习惯。

3）养成服从管理，规范作业的良好工作习惯。

【任务描述】

某客户的吉利帝豪EV450轿车无法行驶，经初步诊断为电机旋变信号的故障。作为专业人员，你能对该故障进行检修吗？

【任务分析】

作为专业人员，你应该掌握相应的故障代码、相应的电路简图和相应故障的诊断步骤等方面的知识，能够进行相应电路的识读，并结合车进行相应故障的检修。

【任务实施】

1. 结合所学内容，补全表6-4-1中空白。

表6-4-1 驱动电机旋变信号故障故障代码

故障码	说明
P0C5300	sine/cosine 输入信号消波故障
P0C511C	sine/cosine 输入信号超过电压阈值
P0C5200	sine/cosine 输入信号低于电压阈值
P0A4429	跟踪误差超过阈值
P170900	
P150700	电机超速故障
P171000	
P171100	信号失配错误
P171200	配置错误
P171300	奇偶校检错误
P171400	

2. 描述驱动电机旋变信号屏蔽线路的检查步骤。

3. 描述驱动电机正弦旋变信号线路的检查步骤。

【任务评价】

根据表6-4-2对本任务实施过程进行评价。

表 6-4-2 任务评价表

序号	检查项目	自我评价	小组评价	教师评价	备注
1	遵守安全操作规范（10分）				
2	态度端正，工作认真，按步骤操作（10分）				
3	任务1（10分）				
4	任务2（10分）				
5	任务3（20分）				
6	遵守纪律（10分）				
7	做好7S管理工作（10分）				
8	完成本工作任务单的全部内容（20分）				
	合计				
	总分				

学习任务5 检修驱动系统绝缘故障

【技能目标】

1）能够进行相应电路的识读。

2）能够结合车进行相应故障的检修。

【素养目标】

1）能够在工作过程中与小组其他成员合作、交流，养成团队合作意识，锻炼沟通能力。

2）养成7S的工作习惯。

3）养成服从管理，规范作业的良好工作习惯。

【任务描述】

某客户的吉利帝豪EV450轿车无法行驶，经初步诊断为驱动系统绝缘故障。作为专业人员，你能对该故障进行检修吗？

【任务分析】

作为专业人员，你应该掌握相应的故障代码、相应的电路简图和相应故障的诊断步骤等方面的知识，能够进行相应电路的识读，并结合车进行相应故障的检修。

【任务实施】

1. 结合所学内容，补全图 6-5-1 中空白。

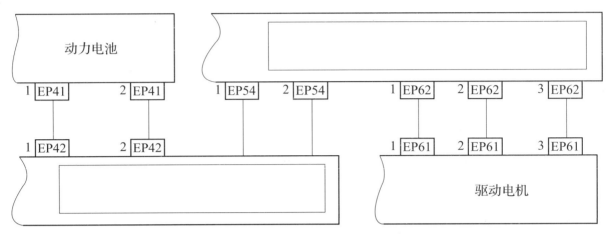

图 6-5-1 驱动系统绝缘故障电路简图

2. 描述确认高压回路切断的检查步骤。

3. 描述电机绝缘阻值的检查步骤。

【任务评价】

根据表 6-5-1 对本任务实施过程进行评价。

表 6-5-1 任务评价表

序号	检查项目	自我评价	小组评价	教师评价	备注
1	遵守安全操作规范（10分）				
2	态度端正，工作认真，按步骤操作（10分）				
3	任务 1（10分）				
4	任务 2（10分）				
5	任务 3（20分）				
6	遵守纪律（10分）				
7	做好 7S 管理工作（10分）				
8	完成本工作任务单的全部内容（20分）				
	合计				
	总分				